英语教学理论模式融合创新研究

张婷婷 ◎ 著

吉林人民出版社

图书在版编目（CIP）数据

英语教学理论模式融合创新研究 / 张婷婷著. -- 长春：吉林人民出版社, 2024.3
ISBN 978-7-206-20649-8

Ⅰ.①英… Ⅱ.①张… Ⅲ.①英语—教学研究 Ⅳ.①H319.3

中国国家版本馆CIP数据核字(2023)第255828号

英语教学理论模式融合创新研究
YINGYU JIAOXUE LILUN MOSHI RONGHE CHUANGXIN YANJIU

著　　者：张婷婷	
责任编辑：衣　兵	封面设计：雅硕图文
出版发行：吉林人民出版社（长春市人民大街7548号　邮政编码：130022）	
印　　刷：长春市华远印务有限公司	
开　　本：700mm×1000mm　1/16	
印　　张：13	字　　数：200千字
标准书号：ISBN 978-7-206-20649-8	
版　　次：2024年3月第1版	印　　次：2024年3月第1次印刷
定　　价：58.00元	

如发现印装质量问题，影响阅读，请与出版社联系调换。

目 录

第一章 英语教学概述 ... 1
  第一节 我国英语教学对象及方法 ... 1
  第二节 我国英语教学影响因素 ... 8
  第三节 我国英语教学发展趋势 ... 20

第二章 英语教学理论基础与方法流派 ... 31
  第一节 英语教学理论基础 ... 31
  第二节 英语教学方法流派 ... 54

第三章 文化对英语教学的影响 ... 77
  第一节 我国的英语教学现状 ... 77
  第二节 中西文化差异对外语教学的影响 ... 80
  第三节 多元文化对英语教学的启示 ... 94

第四章 英语的主要教学模式 ... 107
  第一节 教学模式现状分析 ... 107
  第二节 探究式教学模式 ... 117
  第三节 任务型教学模式 ... 125
  第四节 多模态教学模式 ... 134

第五章 英语教学模式改革创新 ... 145
  第一节 英语词汇与阅读教学模式改革创新 ... 145
  第二节 英语语法与听说教学模式改革创新 ... 163
  第三节 英语口语与写作教学模式改革创新 ... 182

参考文献 ... 202

第一章 英语教学概述

英语是语言教育中的一项重要内容,也是一门国民学校必修的语言基础课,它对人才的培养和社会的发展起着举足轻重的作用。本章主要介绍的是英语教学概述,分别从我国英语教学对象及方法、我国英语教学影响因素和我国英语教学发展趋势三个方面进行了阐述。

第一节 我国英语教学对象及方法

一、我国英语教学对象

(一)我国教育活动的教育对象

主体性教育是根据社会和现代教育发展的需要,以启发和引导受内在教育为主要需求目标,并培养学生成为独立自主、自觉能动、积极创造地参与实践活动的社会主体的教育。在整个教学活动中,学生是特定的认识主体和信息交换的主体。在教育活动中,学生主观能动性的发挥对教育活动的成效起着重要作用。

在新一轮课程改革中,教学活动越来越重视学生在教学过程中的重要性,不再一味强调教师应该如何进行教学,也不再一味强调教师主体的重要性,而是开始全方位地关注教育的双方,尤其是作为学生的主体作用。要想进行教学改革、开展素质教育,转变学生的身份是最基本的也是最重要的一环,在吸收知识时,让学生由被动变成主动,从痛苦学习转变为快乐学习。新一轮的课程改革提出了坚持"以学生为本,以学生发展为主体"的新理念。这就要求在未来的课堂上,教师们要把重点放在教育的对象上,要把对学生的基本技能和创新能力的培养放在第一位，把学生变成课堂的主人，而教师只是作为课堂的总指挥，在课堂上要让学生主动地参与到教学中来，把他们的主体作用发挥到最大。学生是一个特殊的社会群体，既是社会存在的重要组成部分，又有不同于其他社会群体的特殊性。学生具有的特征如下。

1. 学生是素质全面发展的完整的人

学生的特殊性表现在其是不断接受他人教育的群体。无论是处在人生的哪一阶段，一个人一旦成为学生（受教育对象），那么在家庭、学校和社会当中，就要不断吸收各种有用的知识，使自己不断成长，不仅有生理层面的成长，还有心理层面的提高。只有这样，才能使学生的素质得到全面发展，最终成为完整的人。

2. 学生都是有目的的

学生都有其需求的东西。所谓"学"，是指要学习的东西。学生学习知识都是有目的的，包括生存、增长学识、培养爱好，等等。在不同的年龄阶段，学生的目的也各不相同，但是唯一不变的是学生的学习都是有其存在的合理意义的，所进行的教学活动都是有章可循的。同时，学生是有情感、有需要的，为了满足这些情感和需要，学生必须学习。

3. 学生具有人的独特性

学生区别于其他群体的独特性在于其所在的环境和所要遵循的制度是特殊的。正如国家有法制，公司有规章，学生也应遵守适合其身份的纪律。学校是社会中特殊的环境构成体，在这里，学生有区别于社会人的独特一面，即学生会在一个相对单纯的环境中学习各种生存与发展的知识和技能。同时，学生具有的自我能动性会促使其努力把自己变成完整的个体。

在教育活动中，教育的主体是学生，但是，关于学生的主体性特征，有几个不同的看法：一种看法认为，学习者的主体性不是主体的各种特征的简单叠加，而是主体在一定程度上发展的结晶，学习者在主体活动中呈现出的基本特征包括流动性、社会性、自主性和创造性。另一种看法认为，主体性体现了人类认知主体对客观世界的作用。认知教学中的主体性，一方面是指教师主动选择外部信息，具有自觉性和选择性；另一方面，体现在对外部信息的内部处理上，可能受到学生原有的认知结构、情感、经验、思维方式、意志和个性的限制，表现出独立性、创造性。有学者提出，人的主体性是由人的现实性、有效性、能动性、创造性和自主性构成的。还有学者提出主体性的特征是整体性、自主性、能动性、创造性、独特性和发展性等。这些研究都有自己的独特之处，对学生拓宽思维、提高学习能力、增强学习主动性都有很大的帮助。

（二）学习对象反思

很多学者将学习客体视为具有教育功能的数字信息单元。而学习主体所包含的基本原理，则与搭建积木的基本原理相似。每个学习主体之间都能相互组合，就像是积木搭建一样。威利提出了关于学习主体和搭建积木的基本原理的三项对比：第一，不同大小、不同颜色、不同形状的积木，它们是可以相互组合的；第二，积木可以随意组合；第三，拼装起来很容易，谁都能拼出新的东西来。这一比喻表明，学习对象在创造新的结构时，灵活而方便且极具潜力。不过，这个比喻有些过于简单化了，笔者将在下文中作进一步的说明。

为了实现良好的互通性和移植性，需要将学习对象的外在结构按照规范的要求进行搭建。"学习技术标准"（learning technology standards）的目的是保证一个统一的方法来开发、组织和分布学习对象。有很多不同的机构和项目用于学习技术标准的开发，其中包括正式的标准机构，如国际标准化组织（ISO）、欧洲标准化委员会（CEN）、美国国家标准学会（ANSI）、荷兰国家标准（NEN）；类似于航空业CBT委员会（AICC）和电气电子工程师学会（IEEE）这样的学习技术标准委员会，政府资助的项目如ADL计划，以及由供应商、出版商和教育组织组成的财团，如IMS全球学习协会和都柏林核心元数据计划等，都致力于开发学习对象元数据标准（LOM）。尽管这些不同的组织和方案制定和提议了标准，但实际上它们并未获得真正的认可，一些具体的要求或规格还在不断精化和改进。

需要特别关注的是，当前的标准开发已经着重放在学习内容方面，主要反映在以下三个方面：第一，制定了各种不同学习对象的连接方式，即说明了这些学习对象如何组合或重组；第二，明确了学习对象及数字化学习系统的传播结构，也就是说明了内容管理系统或传递系统如何运用学习对象；

第三，规定了元数据字段，即标识学习对象所采用的标签及其意义。在教育中，要实现结构、传播及元数据处理方式的标准化非常困难，原因在于这些标准必须保持教育中立性。即使是采用中立的方法，也应该以确保用户具有可操作性和可搬移性的教学方式，以提供各种教学方法的实施机会。"教育建模语言"为"IMS全球学习联盟"的教学设计人员提供了一种通用教学结构的描述方式，从而让他们能够首次尝试提供多种教学方法的机会。尽管如此，IMS仍然秉承教育中立原则，通过标准化的方式提供多种教学方法的实施可能性。因此，在学习过程中，学习对象主要通过技术构造积木块的灵活方式来创建更大的结构。当然，还需要定义和规范技术结构，以使学习对象能够组合或重组。对于非专业人员来说，很难确定学习内容标准化的程度是否合适。由于规范过于烦琐，仅有专家级别的人员才能够做到，且很难获得可靠的检测结果。一般来说，不同领域的标准之间的相互关系并不明确，而且缺乏与学习对象相关的教育解决方案仍然是一个问题。

二、我国英语教学方法

（一）英语教学的方法

英语是一种只要努力就能掌握的语言，它只是人们用于沟通的一种手段。只要有正确的方法，英语学起来也不难。在一篇英语文章中，描述了马克思如何学习一门外国语言，在五十多岁时，马克思为了解俄国的局势而努力学习俄语，他只花费了半年的时间，就可以读得懂俄语的文章和新闻报刊了。所以说，在英语的学习上，如果能多下点功夫，掌握好学习方法，一段时间后定能取得良好的效果。

1. 多朗诵，重语感

大量的朗诵能够提高学生的语感，简单来说，语感是一种对语言的感受，更详细地说，就是在阅读的过程中，能不经思考地感受到句子所表达的意思。无意识语感，就是感官和思维的结合。有时，阅读大量的文本，碰到问题，不需要去思考相应的语法，只凭语感就能找出正确的答案。

2. 多检查，重预习

预习是英语教学中的一个重要环节，也是学生主动学习的一个重要开始。叶圣陶先生曾经说过:"不教学生预习,他们经历不到学习上很有价值的几种心理过程。"①许多学生并没有将预习放在心上,在课堂上,当他们听到教师或者是别的同学所说的知识时,总会有一种恍如隔世的感觉,这就造成了他们还没有完全理解课堂知识,就已经下课了。

久而久之,学生们就会觉得学英语是一件非常困难的事情。但是只要事先做好准备,在每节课前对英语课文有个大概的了解,就能轻松学会。许多学生在面对教师布置的预习任务时,都会感到疲惫,而预习效果也不能像课堂检测那样可以进行直观的考核,因此,教师也就不能很精准地把握学生的预习情况。

3. 多活动,重氛围

多开展活动,重视激发学生的兴趣,创造愉快的学习气氛。快乐地教学,使学生们喜欢上英语。在教学中,要多让学生参与,将参与和思考相结合,才能获得良好的结果。教师们可以将学生们分为几个小组,在学习了新课文之后,教师们再分配角色给学生,进行表演,或者以课文为例,自己编、自己演。这样,学生们就需要把课文的内容背下来,为了写出有创意的剧本,需要运用到大量的英语知识,所以学生们会更积极地学习。这样的话,学生们学习的时候,才会更有动力、更有效果。而且,这种演出的学习形式,学生们也是非常喜欢的。在刚开始的时候,他们的学习兴趣就会被调动起来,起到事半功倍的作用。多组织一些团体之间的演出竞赛,可以提高学生演出的兴趣。表现好的那一组将会更用功、更深入地学习,以维持优异的成果。在这一过程中,学生们的好奇心得到了极大的满足,他们从被动的学习转变为主动的学习,在自己的学习过程中找到了一条通往知识的道路,从而使自己的英语学习能力得到了极大的提升。

4. 多关爱,重情感

教师需要时时刻刻关爱学生的成长,增进师生之间的情感交流,在相互反馈与促进中,实现教师与学生的自我需要。同时,尊重和理解学生也能达到良好的教学效果。

---

①卢惠姗. 在两点和一线之间[M]. 北京:教育科学出版社,2007.

（二）英语教学的反思

1. 鼓励学生大胆地说英语

通过构建不同场景，鼓励学生勇敢地使用英语，并以宽容的心态对待他们在学习中犯的错误。教师可以利用教材，将实际情境呈现在课堂上并创造全新的学习环境。比如，当进行英语"What's your name? How old are you?"教学时，可以设定一些结交新朋友或者自我介绍的情境，以此激发学生的积极性，让他们有机会到讲台上展示并提升英语表达能力。再比如，教师和学生可以在一天的开始和结束时互相问候，说早上好、再见，鼓励学生尝试使用good morning、hello、see you、thank you、you are welcome、good bye等英语表达方式与教师互相问候。这样做有效地增强了学生运用英语进行交际的技能，使他们更善于使用英语进行灵活的交流。

2. 为学生创设英语交际情境

可以使用全身反应教学法来创造英语交际情境，激励学生勇敢地使用英语，促进师生互动和同学之间的互动。在教学中，应注重培养学生的英语听、说、读、写综合能力，激励他们勇于运用英语进行表达，并将其应用于实际生活中。提供机会让学生探索并发现自身存在的问题，并鼓励他们独立解决。例如，一所学校请来了三位外籍教师，想为学生创设英语语言环境。学生都很紧张，起初不敢用英语与外教交谈，经过一番鼓励之后，有几名学生带头大声地开始说英语，越说越有劲，接着越来越多的学生跟着也说起了英语。此后，因为有与外籍教师交谈的亲身体验，他们对英语学习更有信心了。

3. 加强与学生沟通

在教学过程中注重与学生沟通，让学生消除学习英语的恐惧感。不知变通的学习方式不仅会对英语学习的成效产生负面影响，还可能适得其反，让学生对学习英语感到厌烦。而一个轻松、愉快的学习氛围对于学生学习英语是非常有帮助的。只有在对学习英语产生兴趣的情况下，学生才能保持着英语学习的热情并取得优异的成绩。以下是教师可以采用的方法：以尊重为出发点，鼓励学生积极尝试，例如，鼓励学生大声朗读和背诵课文，大到让学生可以听到自己的声音，并逐渐达到流畅、自如的程度；针对那些基础较差或性格内向的学生，应当降低他们的学习英语的难度，并在他们逐渐进步的同时及时给予肯定和鼓励，以提升他们的自信心，获得成就感。

4. 鼓励学生多说、多记、多背

要掌握一门语言，需要努力练习口语、加强记忆和背诵，只要付出足够的努力，就能克服英语学习中的难题。在英语学习过程中，有许多琐碎的知识点需要学习。每天都会有新的知识点出现，因此学生需要花费更多的时间和精力去记忆和背诵这些内容。这是对学生来说最为棘手的问题之一。英语学习的核心是掌握单词，如果无法记住单词，那么学生将很难掌握句型和培养良好的听力。因而，教师可以鼓励学生通过音标发音学习单词，并多次反复朗读加深记忆。遗忘知识的速度随着时间的推移会逐渐减缓，熟记的知识也可能被遗忘，因此需要加强巩固练习。例如，可以让学生背诵一个小对话，之后鼓励他们去站到讲台上表演这段对话，从而提升他们学习英语的兴趣。可以利用多种教学资源，如多媒体等，教授学生一些广为人知的简单英文歌曲，从而引起学生对语言学习的兴趣，并提高他们对语言的感知能力。在考试前，可以让学生把一篇英语课文读熟并背下来，有助于相关题目的作答。大声地读英语可以培养学生的语感，巩固所学的语法知识。当学生阅读流畅无阻时，其对英语学习的信心会得到显著提升。

5. 建立良好的师生关系

建立良好的师生关系非常重要，因为教师和学生是互相促进、互相依赖的关系。教师和学生可以通过频繁地使用英语进行交流来加深这种关系。但教师和学生能够保持和谐的关系对于成功完成教学任务来说至关重要。如果一位教师给学生留下了好印象，那么学生会对这位教师所授课程产生浓厚的兴趣并格外重视。相反，如果某位教师并未给学生留下好印象，由于心理上的逆反，他们可能不会乐意学习这位教师所教的课程。因此，教师应全面了解学生，掌握学生的兴趣爱好及情绪波动情况，始终关注、呵护、尊重并支持学生。

有效评价学生的表现至关重要。通过对学生的评价，教师能够帮助他们了解自己的情况和表现，进而促进他们对自己反思，调动他们调整学习方法的意识。应该在学生回答问题和成绩提高的过程中，在口头和书面上给予评价。同时,还需鼓励学生不断进步。在考试结束后,学生应该进行自我反思,评估自己的成绩和不足之处,并确定今后的努力方向。此外,学生也可以相互评价,找出自己的优缺点,并互相促进学习。

第二节 我国英语教学影响因素

在学校英语教学中,重要的因素包括教师、学生、教学内容和教学评价、学校规章制度,以及社会经济需求及环境等内容进行列举与说明。

一、教师

(一)教师的角色

1. 知识的传授者

教师是知识的传授者。一方面,教师通过对教材的熟知与理解,将书本知识传授给学生;另一方面,教师作为施教者,能够监控整个教学的活动。因此,在英语教学中,教师不仅要传授课本知识、传授学习方法,还要传授生活的道理。

2. 课堂教学的规划者

科学地规划课堂教学才能让英语课变得更好。这就需要教师在课前精心安排课堂引导、教学内容和课后总结等各个教学环节。特别重要的是课堂导入的规划。例如,在讲授关于"谦虚"的课文时,教师可以通过适当的举例进行课程上的引导,通过具体的实例导入规划可以有效地将学生引入教学情景中。

3. 教学活动的供给者和促进者

教师在课堂教学中,既是活动的供给者,也是信息的反馈者,同时也是活动进行的促进者。

①教师应该策划和组织课堂教学活动,以确保学生能够理解规则。为此,教学必须向学生提供必要信息,以便让学生按要求参与小组讨论和教学活动。

②当学生参与课堂教学活动时，教师需要及时给予反馈，以引导学生朝着预设的教学目标努力前行。这样教师就成为了教学活动信息反馈的提供者。

③教师在教学活动中还起着助推器的作用。当学生在任务中遇到困难时，教师并不是要直接告诉学生，而是要从侧面引导学生。教师可以提供有效的线索给学生，让学生把前后的知识串联起来，从而达到活学活用的效果。另外，教师应该做到：帮助学生制订合适的目标，修正学生的学习策略；指导学生掌握良好的学习方法；建立民主的师生关系，创设融洽的学习氛围等。

4. 课堂教学的组织者

教师在课堂教学中承担着策划和实施的双重角色。为了提供高质量的教育，教师需要非常熟悉教学内容，明确教学重难点，并根据班级的实际特点及学生的需求设计恰当的教学活动。

而作为教学活动的组织者，教师需要让学生明白做什么、怎么做。学生有了活动目标，就可以用最巧妙的方式完成教师交代的任务。另外，在课堂教学中，教师不能一味地传授知识，而应该组织学生去发现、寻找、搜集、利用学习资源，组织他们营造良好的学习气氛等。

5. 教学发展的协助者

教师这一协助者在教学中的辅助作用主要有两方面：一是导师指导，二是提供教学辅助。

①导师指导主要是在教师教学时，教会学生如何学习、如何自主学习、如何与同学一起合作学习。除此之外，教师在教授学生文化知识的同时，还需将学生对人生价值和世界的看法引导到正确的道路上。

②教师通过担任辅导员的角色，主要是对学生的学习进行有针对性的辅导。例如，对于成绩优秀的学生，教师会提供特别的学习辅导；而针对成绩较差的学生，教师也可以通过课外辅导或兴趣引导的方式进行适当的辅导。

6. 教学过程的示范者

教师的教学示范者角色主要涵盖两个方面：课堂教学示范和人格魅力示范。

教师在进行课堂教学示范时，需要展示或讲解语法结构及语言知识点，然后带领学生进行实践练习。这样可以让学生通过模仿和练习，掌握新句型和正确发音技巧。之后，教师会要求学生根据上下文关联的语言情境，自主运用所学新知识来加深理解和巩固记忆。教师在教学过程中应该展示人格魅力，不仅作为学科专家传授知识，更重要的是通过一种具有超凡魅力的教学形式，促进学生形成积极的价值观。教师以自身人格魅力为基础，不受规章制度或权威的束缚，激发学生自主学习的积极性，呈现出超凡魅力的课堂示范教学。教师的幽默风格、博学知识和宽广胸怀，让他们有更多的力量来感染学生。教师的人格的典范，将对学生产生长远的影响。

7. 心理的咨询者

教师还应该成为学生心理的咨询者和辅导者。教师应该多与学生接触，了解学生的心理动态，在交流中帮助学生树立健康良好的思想意识，从而帮助学生增强自己的思想文化意识，使学生心理逐渐走向成熟。

8. 教学的评价者

在教育测试过程中，教师担任着两个角色，一个是课堂教学活动的评价者，另一个是学生学业成绩的评价者，也就是说，教师扮演着评价者的角色。作为评估者，教师需要转变教育思想，摒弃功利主义的教育观，构建满足素质教育要求的课程体系，并建立合理的英语教学评价标准。

在教学中，需要过程性评价的加入，在学生参与的活动中进行有效的评估。在日常评价中要求教师采用多种评价方式，如测试性与非测试性评价、形成性评价和终结性评价，用评价结果来激励学生学习，促进学生能力的发展。

（二）教师的素养

在我国，英语作为一门外语，其使用范围有限，绝大多数英语学习者主要是通过课堂教学来完成英语的学习。这就要求教师在教学过程中，除了要充分发挥出自身的主导作用，更要注重自身素质的提高，给学生带来潜移默化的影响。归纳起来，教师的基本素质包括以下3个方面。

1. 专业素养

归纳起来，教师专业方面的素养主要包括以下几个方面。

（1）较高的语言水平

较高的语言水平是一名英语教师的基础，主要包括扎实的语言专业知识和较高的语言技能。只有教师自己具备较高的语言水平，才能够全面地掌握教材，才有能力将知识传授给学生。对于学生来说，一位高水平的优秀教师对其潜移默化的影响是非常大的。因此，教师不仅要具备系统的英语语音、语法知识，还要具备较大的词汇量，同时要具有良好的听、说、读、写能力。

（2）系统的教学理论知识

系统的教学理论知识是英语教师必须掌握的。教师除了要具备教育学、心理学理论知识以外，还要掌握外语教学理论知识，这主要包括现代语言知识、外语习得理论知识和外语教学法知识等。

（3）传授和培养英语知识技能的能力

具体来说，教师传授知识技能的能力主要涉及以下几个方面。

①要善于讲解。讲解是所有教师必须具备的最主要、最基本的工作能力。一名合格的教师要善于将复杂的教学内容变得通俗易懂，能够深入浅出地进行讲解。为此，教师不仅要充分了解学生的心理、生理特点，以及学生的英语水平，还要认真细致地做好备课，并且要根据不同的内容选择适当的讲授方法，在讲解的过程中还要做到重点突出。

②要善于示范。英语教学既要传授知识，又要培养技能。学生语言技能的训练包括发音、书写、朗读、对话，这些都需要教师进行示范，然后学生对教师的示范进行模仿。教师要将示范和讲解相结合，用示范配合讲解，或者用讲解来突出示范中的重点，做到示范正确、标准。由于示范是为了让学生进行模仿，因此还要与学生的实践相结合。

③要善于提问启发。向学生提问是英语教学的重要手段，教师要善于使用这一手段。例如，在讲授新知识之前通过提问来复习旧知识；用提问检查与复习讲授的内容。使用提问教学手段时教师要注意两点：第一，提出的问题要符合学生的实际水平；第二，提问要注意调动全班学生的积极性。

④要善于引导学生进行练习。语言技能的培养需要大量的实践，如语音练习、语法练习、口语表达练习、听力培养练习、阅读练习、写作练习等。教师要熟悉各种练习形式的作用，并在英语课堂教学中引导学生进行各种练

习活动，有效培养学生的语言技能。

⑤要善于纠正学生的错误。学生学习英语是一个逐步进步的学习过程，在这个过程中难免会出现错误。有些错误是学生可以自行改正的，教师对此类错误不必纠正。而对于有些必须纠正的错误，教师也应该有策略、有技巧地进行纠正。哪些错误需要纠正，哪些错误不需纠正，在何时纠正，如何纠正，都反映着教师的教学实践素质。

（4）综合教学能力

综合教学能力是指在英语教学中所需要的语言之外的教学能力，主要包括唱歌、书写、绘画、制作、表演等。具体来说，能唱是指能够结合学生学习的进程编写、教唱学生喜爱的英文歌曲；能写是指书写字迹工整规范；能画是指会画简笔画，并能运用于教学之中；能制作是指能够设计制作适用于教学的各种教具，包括幻灯片、录像、电脑软件等；具备表演能力意味着善于运用肢体语言，通过丰富的面部表情和协调的动作忠实地传达意图和情感，做到有声有色。

2. 师德素养

我国英语教学应把德育工作摆在素质教育的重要位置，德育工作的成效与教师的师德素养直接相关。师德是教师从事教育教学活动的动力源泉。师德决定着教师对学生的热爱、对事业的忠诚、对教学执着的追求和人格的高尚。师德还直接影响着学生的成长。因此，英语教师必须具有坚定的理想信念，科学的世界观、人生观、价值观，忠于人民的教育事业，具有爱岗敬业的奉献精神，热爱学生。教师只有自身懂得奉献、体现公正、具有责任感，才能言传身教。

3. 人格素养

人格素养是教师素养的综合体现。"身教重于言教"这句经典名言总结了教师职业特质和专业特点，同时概括了对现代英语教师人格塑造的要求。一名优秀的英语教师应具有高尚的道德品行，令人愉快的性格，宽容、谦逊、好学的品质，正确的自我意识，良好的心理素质，幽默的语言表达，和谐的人际关系，端庄的仪表风度，崇高的审美素质，积极耐心的工作态度，以及丰富的知识经验等。

这些方面并不是孤立的，而是相互联系、相互影响的。

二、学生

（一）角色定位
在英语教学中，学生主要扮演以下几个角色。

1. 主体者

学生是英语教学中的主体，他们对知识的探索、发现、吸收及内化等实践都有利于知识体系的构建，有利于形成科学的世界观、人生观和价值观。

2. 参与者

作为外语教学活动的重要参与者，学生应积极主动地参与到各项活动中，积极思考，敢于表达自己的观点，展示个人的才能。

3. 合作者

英语教学是师生之间及学生之间共同进行的，因而相互合作是不可缺少的。在合作中，他们可以相互学习、相互帮助、共同提高。

4. 反馈者

在英语教学中，学生的反馈信息是教师教学的一个重要依据。学生可以结合自身学习经历和教学法的实用性向教师提出建议或意见，并协助教师改进和完善教学内容和教学方法，从而提高教学效果。

（二）影响学生英语学习的因素

1. 个体差异

语言潜能是学习外语所需要的认知素质，它本质上是一种与生俱来的天赋特质。培养学生综合语言运用能力的重要手段是刻苦学习、提高外语素质。而语言潜能也就是用学生的认知素质来预测其学习外语的潜在能力。一般来说，学生应具有的以下几种学习能力。

第一，学生需要掌握语音编码解码技巧，即关于输入、处理的能力，学生应有归纳性语言学习的能力，它有关语言材料的组织和操作。

第二，学生对语法还应有一定的敏感性，它是从语言材料中推断语言规则的能力。

第三，学生应具有一定的联想记忆能力。

2. 学习动机不明确

动机是一种积极调动学习外语的情感因素。外语学习受到动机这一重要情感因素的影响。这种心理状态是由个体内部的渴望或需求所驱动的，促使他们朝着特定目标努力。这种努力的动力和方向是某种欲望或需要被激发、引导和维持的。外动力（追求职业发展或实用目的）、内动力（对英语文化的浓厚兴趣）、附属内动力（为了实现父母的愿望，到达教师的要求）这三个因素组成了英语学习的动机。大多数学习英语的学生都是出于外在动力。然而，内在动力是追求知识的渴望，它是教学中最为稳定和重要的动机之一。这种内在动力是培养学生学习兴趣、激发学习积极性的一种方式。在教学中，我们注意到相当一部分学生未能对英语学习产生热情。从现状分析得出，高中英语的学习主要动力在于进入大学的考试要求。在进入大学之后，学生的升学需求已经得以实现，但是还没有形成新的英语学习需求，因此，许多刚进入大学的学生对于英语的学习还不是很积极。对于非英语专业的学生，他们学习英语的主要动力来自外在因素，而来内在动机则相对薄弱。正确的远景型学习动机占主导地位，而非正确的甚至错误的学习动机也广泛存在，近景型学习动机也颇为普遍。因此，学生的学习积极性不高，过于依赖教师。

3. 缺乏自信心

许多学生，特别是一些地处偏僻的高中学生，在高中阶段往往只注重基础的文化课知识的学习，而在英语口语方面没有投入太多的精力和时间，英语口语成为了他们的普遍"弱项"。在英语学习中，学生口语水平较低，导致他们对英语产生了恐惧心理，产生了较大的压力。许多同学一谈到英语，就觉得头疼，就好像英语是自己的"天敌"一样。还有一些同学根本就不学英语。特别是在英语课上，因为一些学生的基础较弱，他们跟不上教师的教学进度。当前的英语教学面临着一个进退两难的局面，因为如果教师使用英语授课，很多学生都无法理解，但是使用中文教学，就难以真正达到英语课程的实际目的。除此之外，进入大学后，学生们往往会认为英语不再像初中和高中那么重要了。他们会更加关注专业课的学习，导致在英语学习上放松了很多。长此以往，学生会对英语失去了热情，面对困难的心理压力增加，语言应用能力不足，对自己缺乏信心。

4. 缺乏科学有效的学习方法

许多学生缺乏恰当的时间管理技能和科学高效的学习方式，因此难以有效规划学习时间。高中生学生英语只是为了高考，大学生为了通过四、六级考试，因此他们把大部分时间和精力都用在了词汇和模拟试题的学习上，而不太注重平时的英语课堂学习与知识积累。一些学生想要增加词汇量，因此选择背词典，然而这种方法只会让他们记住单词，却无法理解其语境，结果是很快就忘记了刚学的单词。这种方法耗费时间且效果不好，同时也不符合人类学习语言的自然规律。此外，许多学生目前并未认识到朗读和背诵英语句子和短文的重要意义，语言输入不足。

三、教学内容

教学内容是连接学生和教师的桥梁，也是教学实践中不可或缺的一个重要构成因素。教学内容是在教学过程中达成教学目标所必需的知识、技能、思想、观点、概念、事实、问题和行为习惯等要素的集合。这些要素是由教师和学生共同合作而形成的。教学内容是一种特殊的知识系统，既不同于语言知识本身，也不同于日常经历；既要考虑英语学科本身的知识体系，又要考虑学生的年龄特点和实际需求等。一般来说，教学内容包括以下几个方面。

（一）语言知识

英语基础语言知识是综合英语运用能力的有机组成部分，是语言学习和语言运用的重要内容之一。没有扎实的语言知识，就不可能具有较强的语言能力。

（二）语言技能

听、说、读、写是学习和运用语言必备的四项语言基本技能，为学生发展综合语言应用能力提供了重要基础和工具。听是辨别和理解语言的能力；说可以描述为运用口语的技能，来传达想法和传递信息；读是识别和理解书面语言的能力；写是利用文字来表达想法、传递信息的技能。学生通过参与各种专业和全面的语言实践活动，培养并整合了听、说、读、写四项语言技能的应用能力，这为实际的语言交际打下了基础。

（三）情感态度

情感态度指的是在学生学习过程对学习效果有影响的因素，例如兴趣、动机、自信、意志和合作精神等。此外，它还包含学习过程中逐渐形成的爱国意识和国际视野。在教学过程中，教师应该积极启发和加强学生的学习热情，引导他们逐渐将其转化为可持续的学习动机，并培养学生的自信心、意志力和合作意识，通过不断地发现和弥补学生学习中的优缺点，培养他们良好的品格和积极上进的态度。

（四）文化意识

在外语教育领域，文化涵盖的范围包括所学习语言国家的历史背景、地理位置、社会风貌、传统习俗、生活方式、文学艺术、社会行为准则、价值观念等。对学生来说，探索和认识英语国家的文化有助于提高他们理解和运用英语的能力，同时也加深了他们对本国文化的了解和认识，提高了他们的人文素养，拓宽了他们的全球视野。因此，在教学过程中，教师需要关注文化意识的灌输，将学生的年龄和认知能力作为参考，教授相应的文化知识，达到培养学生的文化意识和全球意识的目的。

（五）学习策略

学习策略是学生为实现有效学习和全面发展所采取的各项举措和方法。学习英语的技巧有多种，包括认知技巧、自我调节技巧、交流技巧和资源管理技巧等。通过培养学习策略，学生可以更加高效地掌握英语知识，从而为未来的终身学习打下坚实基础。合理有效的英语学习策略可以改善英语学习方式，提高学习效率，并帮助学生掌握学习技巧和培训自我学习能力，进而将学生打造成会终身学习的人才。因此，教师应有针对性地辅导学生形成对自己有利的学习策略，监督和反思他们的学习过程和成果，使学生学会参考学习风格不断调整学习策略，引导学生学习其他人的学习策略，与他人交流学习体会，尝试不同的学习策略。

教材是传授教学内容的重要工具。新课程改革中，教材扮演了关键的教育教学角色。教材是教师用来教学的材料，也是学生用来学习的材料。简单地说，教材是为教师的教和学生的学而服务的，是课堂的必需要素。然而，教材是死的，学生是不断变化的。而且，任何教材的编写都受编者水平和资料的限制，不可避免地会存在某些缺点和不足。如果教师一味地以完成教学任务为目的忽略学生的反应，按部就班地使用教材，恐怕很难起到促进学生学习的作用。因此，在教学过程中，教师应灵活处理不同的教材，在课上或课下询问学生的感受，及时调整教学的方法和进度。

四、教学评价

（一）课程测试评价体系综述

现代的英语教学，主要采用"问题解决型"和"任务型"教学法，以培养学生听、说、读、写、译英语综合应用能力和研究能力为主要目标。课程注重以学生为教学中心，教师指导在计算机网络技术的支持下，以小组合作的学习模式进行个性化、自主化的研究性学习。通过实践性探究学习，可以提升英语的综合应用技能，培养学生的自主学习和研究能力，并提高其综合文化素养。为了迎合课程特点和目标，我们设计了一套与之相适应的综合多种评价方法的整体评价体系。和传统的英语课程测试评价体系相比，新的评价体系重参与、重过程，兼顾阶段评价和综合评价，整合形成性和终结性评价，可以准确记录学生在学习过程中的参与度、态度、方法和成效，同时监控学习进程，及时发现并解决学生的需求和问题。这个评估系统也提供了有价值的教学反馈信息，帮助教师调整教学策略，同时也能帮助学生改进学习方法和提高学习效率。

（二）评价内容

1. 学生的研究性学习成果

学生自主选题完成的研究性项目成果是评价检测的主要内容之一。评价内容包括学习过程中的阶段成果（开题报告、调查问卷、访谈问题、口头展示的框架等）和最终结果（研究过程和结果的口头展示、研究报告）。通过运用多项手段评价学生的研究能力（发现问题、设计项目、获取信息、分析数据、解释数据、解决问题）和语言的综合运用能力（开题报告和项目报告撰写、研究成果口头展示、资料的英汉互译等）。

2. 学生的学习态度和参与度

通过教师观察、组长评价、组员互评，对学生参与状况、参与意识、学习态度进行记录和评价。在评价的过程中，一定要按照统一的评判标准对学生的学习态度及学习参与度做出及时的评价，以达到及时督促学生学习的目的。

3. 学生的自主学习和小组协作学习能力

通过学生的反思报告和档案袋，评价学生自主学习的规划和管理及小组协作能力。教师在进行评价时一定要将学生的自主学习和小组协作学习能力考虑在内，从而引起学生对于自主学习和小组协作学习能力的重视。

（三）评价方法

1. 终结性评价

通过终结性评价的方式，对学生研究过程和结果的口头展示和书面报告进行重点评价，公开透明地评判学生研究的能力和语言的运用的能力。

2. 阶段性评价

设定开题展示、中期检查和期末考核（口头陈述研究过程和结果，提交书面研究报告）三个主要的阶段性评价环节，全面细致地监控着整个研究性学习的过程，评价学生在各个阶段的进展和表现。

3. 综合性评价

综合小组得分、个人得分、教师评分、组长评分和同伴互评，对每个学生在学习过程中的表现和对学习成果的展示做出综合评价。

4. 教师评价和同伴互评

以教师评价为主，结合各个阶段的同伴互评和组长对整个学习过程的记录，为每个同学综合评分。

五、学校规章制度

学校的规章制度对英语教学有着不可忽视的重要影响，因为学校是国家教育法律和法规的执行机构，是培养社会所需人才的摇篮。一所学校所制定的相关教学规定对其培养人才的教学活动有着十分重要的制约作用，其具体影响主要通过以下两个方面产生。

（一）课堂教学的组织与实施

课堂教学对英语教学有着直接的影响。因为课堂教学是教学活动的中心环节，师生之间的大部分教学行为都是通过课堂教学来实现的。例如，教师主导、启发、检查、督促和影响学生这一系列行为主要通过课堂教学实现。而学生消化吸收教师教授的知识和内容也是通过课堂的教学活动。可以说，课堂教学的效果不仅关系着我国国家政府部门和学校教育政策的顺利实施，而且关系着这门课程所有的精心设计与教学大纲的顺利实施，最终关系着教学目标的实现与否、育人效果的成功与否。在此需提及的一点是，具体的课堂教学效果是不容易把握的，因为它会随着教学中各种要素的变化而变化。

（二）校园第二课堂的组织与管理

校园文化环境对学生的成长也是非常重要的。这里所提到的第二课堂，不仅仅指的是课堂教学的延伸，也泛指整个校园里的各种活动，尤其是涉及英语的形式多样的活动。校园第二课堂的组织与管理属于校园文化环境的一部分，其对英语教学的影响也是不容忽视的。因为学生在校园里除了课堂上的学习时间外，其他学习和生活占用了他们大部分的时间。如果学校的校园第二课堂的组织和管理比较完善，那么就能够在一定程度上对学生的学习产生积极影响。

六、社会经济需求及环境

我国的社会需求对英语教学的影响是非常大的。随着中国经济的快速发展，越来越多的中国人和中国企业走出国门，越来越多的外国人和外国企业也走进中国，对具有英语（或其他外语）语言能力的人才的需求越来越大。很显然，只有社会上有强烈的对具备英语语言能力的人才需求，英语教学的必要性和重要性才得以凸显。

一般来说，社会需求对英语教学的影响表现在两个方面。

（一）社会所需的英语人才数量越来越大

社会上对具备英语语言能力的人才的需求量越大，对英语教学的推动力就越大，反之亦然。也就是说，如果每年社会上的用人单位对具有英语语言能力的人才都是供不应求的情况，学校和学习者本人对英语的教学必然持有较大的动力和较高的热情；如果每年社会上的用人单位对于所需人才的英语语言能力持较低要求，其对英语教学的影响自然也是不言而喻的。

（二）社会所需的英语人才质量越来越高

社会上对具备英语语言能力的人才的需求质量越高，对英语教学的推动力也越大，反之亦然。换句话说，社会上如果需要高质量的具备英语语言能力的人才，那么学校就会为了培养出符合社会需要的人才而实施相应的规则和措施，自然会推动英语教学的改革；如果社会对英语人才的需求质量很低，那么这将直接影响学校在这方面的投入情况，也自然会影响英语教学发展的进程。

第三节 我国英语教学发展趋势

一、英语教学的发展趋势

（一）大纲设计

大纲设计包括确定教学内容、选择教学方法及评估教学效果等方面。在传统英语教学中，教学的最终的目标是让学生掌握教学内容，而教师使用的教学方法只是达成教学目标的手段。为了教授语言项目，大纲设计者需要根据结构对它们进行分类，并探索相应的教学方法。在语法翻译法中，学生需要掌握相关时态和语态规则，以及掌握规定的词汇量，然后将这些规则和词汇应用到实践翻译中，这是学习者的学习任务和目标。然而，由于课堂的教学内容和学习方法与学生的真实应用目的不一致，导致学生很难将所学内容用于实际交流。随着培养交际技能的教学方法的兴起，研究人员认识到教学过程和教学目标是一体的，是密不可分的。为实现相应的教学目标，学生必须多次参加相应的交际活动。为了完善大纲，并让学生获得所需的技能，大纲设计者要先确定学生需要达成的目标与技能，然后探索适合学生的学习方法，将教学目的和过程有机地融合在一起，形成一个不可分割的整体。

（二）教学方法

在传统的英语教学中，教师通常是课堂上的主要讲解者，是教学的主导者，课堂上的教学内容、教学方法、教学速度和评估方式都是由教师主宰的，影响着学生的学习效果。而学生则通常处于被动接受知识的状态中，缺乏运用语言的机会。

大部分学生在学习、掌握语言规则上花费了许多时间和精力，但在实践中有效地运用所学的语言知识仍然是非常困难的。在语法翻译法中，教师主要职责是讲解词汇、语法和课文分析等具体的知识，课堂活动的重点是讲解语言知识点。然而，该方法忽视了学生之间合作、小组之间的交流和学生参与到课堂活动的机会，使得学生难以成为课堂的主体。随着交际化教学理念的推广，以往的以教师为主导的课堂模式正在逐步转变为以学生为主体的课堂模式，学生能够接触并输出大量语言信息。教师逐渐将课堂的掌控权交给了学生，在教师的引导下，学生通过参与小组讨论、角色扮演、辩论赛和对话等活动，逐步培养了合作精神和创新思维。课堂活动的重心逐渐转向学生，教师则变成了课堂活动的协调者、联络员和咨询师。教育内容、教学方法、教学时机及学生的评价，都应基于学生的实际情况来制定，倡导并实行以学生为中心的教育理念。

（三）学习者的角色

在传统英语教学中，学生缺乏主动性，仅仅是接受知识的被动方，无法将所学的词汇和语法灵活运用于实际语境中，而只能通过大量的背诵和模仿来学习。一个以听、说为主的语言学习方法将强调语言学习是建立习惯的过程。没有意识到学生需要通过实践才能分析和归纳语言，结果导致学生仅仅成为了语言的模仿者，无法在课堂以外的交际场合中运用所学语言。人本主义思想越来越流行，现在的英语教学强调发挥学生的主观能动性和创造性，鼓励他们通过重新组合所学的词汇和结构来创造新的表达方式。教师激励学生通过不断练习、接触和运用语言来提升其表达能力。在课堂里，师生之间的交流有助于促进课前和课下的互动交流，课堂不再是保护学生免受失误和风险、阻碍他们大胆交流的限制，在这种环境下，学生会成为课堂真正的主人。

（四）语言的处理

传统英语教学中，语法和词汇好像是独立存在的一样，导致学生难以将它们结合起来形成语义网络，因此学生往往不能将所学的语法形式和交际意义有机结合。在语法翻译法中，教师需要向学生传授语法规则，解释单词含义，随后通过翻译练习，巩固学到的语言知识。学习者通过领悟和归纳来掌握语法规则，而不是仅仅依赖教师的教导。即使两种教学方法的语法规则教授顺序不同，但两者都将语言知识视作独立的语言元素并且将语言的习得视为一个线性的由简单到复杂的过程。事实上，学生不需要一次性完美地掌握某个语言项目，他们可以在同一时间学习多个复杂的语言项目，并且通过一系列非线性的复杂过程，如重组、假设和验证等，来深化他们的理解。传统的英语教学方法无法帮助学生将所掌握的语法规则应用到日常交流中。当前的英语教学中，学者们倡导教师将语法规则与具体的交际情景相结合，以便学生了解形式和意义之间的关系，从真实的语境中掌握合适的表达技能。

（五）教学材料

在传统的英语教育中，教材是编写者精心设计语言材料，以便能够传授一些特定的语法知识或单词技能。因为这些内容脱离了真实语境，所以在实际交流中几乎用不到。这对于提高学生的语感意识没有一丝帮助。现今英语教学强调使用以真实的篇章为基础的语言材料，来自电视、报纸、杂志、广播、网络等真实材料被应用于培养学生的听、说、读、写能力。这些材料来源广泛，与日常生活密切相关，因此能帮助学生提高实际运用语言技能。

（六）学习设备

在传统英语教学中，教材被视为学生掌握语言学习的关键工具。因为受到某些条件限制，这些课本通常缺乏配套的视频教学资源，这种情况在一定程度上可能会减少学生的学习兴趣。随着科技的进步，学生可以利用网络获得相应的学习资料和资源，也可以利用互联网与英语母语者沟通交流，这有助于提高他们的口语能力与听力技能，并且增强了跨文化交流。此外，现今的纸质教材大多配有光盘，供学生自行学习。这些光盘具备图文并茂的特点，因此能有效提升学习效率，并且极大地激起学生学习英语的主动性。

（七）学习方法

在传统的英语教学中，学生的主要学习内容是依据教学大纲所列出的教学目标制定的。在使用语法翻译法时，教师会让学生背诵许多单词和语法，而学生需要通过反复练习来掌握所需要的语言技能。不过在完成以上学习任务时，他们没有掌握有效的学习策略和技巧，如果能学会正确灵活的学习方法，会帮助学生提高学习效率，增强自主学习能力。现如今的英语教学要求教师不仅仅重视教授语言知识，还要重视传授学习策略，从而更好地贯彻"授人以鱼，不如授人以渔"的思想。在教学中，教师应该注意教授学生略读、扫读等技巧的使用方法来获取课文关键信息，并教授学生如何根据语义场景更有效地记忆词汇。最终达到的效果是，学生可以灵活地使用语言交流，同时还能运用元认知策略，监督和评估自己的学习过程，提高学习效率。

（八）课堂组织与课外活动

在传统英语教学中，学生只能在课堂上进行语言技能训练，而教师拥有课堂的绝对控制权，学生则被动学习语言知识。这种传统的教学方式限制了学生在小组内展开活动的机会。在这种以教师为中心的课堂环境中，学生对于观点的自由发言被限制，他们无法通过小组讨论来协商意见，他们的语言表达能力也受到了限制。由此导致了学习积极性和创造性的下降。现在的英语教学倡导让学生成为课堂的主角，教师扮演辅助、评估和监督者的角色。教师鼓励学生积极参加小组活动，以促进他们的创新性、自主性、合作性和积极性。在这种教学方式中，语法和词汇知识不再是课堂的重点，课堂活动成为教学的主线。此外，自主学习思想的推广已经使目前的英语教育更加注重将课堂学习和课外活动相结合，通过参与实践活动巩固语言知识，从而增强学生的自主学习能力。

（九）测试评估

传统的英语测试关注的是最终成绩，而不是学习过程。标准化测试通常由学校等官方机构统一命题和评阅，而讲课教师往往没有干预权，造成学生学习的内容与测试的内容并不匹配。这就使学生未能完全理解他们所学的知识。现今的英语教学倡导，结合结果评估与过程评估、让教师系统性地指导学生自己评估学习行为的方法。通过自我评估，学生能够快速地了解到自身的学习成果和不足之处，并及时作出调整和改进。

二、英语教学的发展对我国英语教学的启示

英语教学是一项非常复杂的工作,需要考虑到诸多因素,比如教学目的、教学环境、学习阶段及学生的个性特点等。虽然传统英语教学方法有一些缺点,但在提高学生语言准确性方面仍有其重要作用,不能完全排斥。

(一)择优选择教学法

在选择最适合的教学方法时要考虑教学目标、教材内容和学生的学习发展水平等因素。有些教学方法只在某个阶段对某些学生有用,不存在一种教学方法适用于所有阶段的所有学生。

第一,教师应当有针对性地根据不同的教学内容,切换使用不同的教学方法。在教授词汇与语法时,教师可以采用语法翻译法来提高学生的语言准确性。然而,在课文的讲授过程中,教师应快速转换教学策略,避免一味地强调句子的意义及其翻译,而是应将文化知识与语言知识结合起来,使学生不仅能提高语言能力,还能增强文化意识。教师可以巧妙地将交际教学法应用到各个单元的主题中,从而提高学生的社会文化意识、语言应用能力、策略能力和交际技能。

第二,教师应根据学生的不同阶段,灵活选择教学方法。例如在初级阶段,教师应使用语法翻译法,强调培养学生的读写技能;而在中级阶段,在学生习得了基本语法和词汇量的基础上,可在交际教学法的指导下逐渐转移重点,从形式转移到意义上,重点培养学生在不同语境中愉快地交流的能力;进入高级阶段后,我们应该以学生为中心,充分发挥他们的积极性和团队协作精神。这可以通过任务驱动、合作原则和小组活动实现。通过指导学生完成任务,激发他们的学习兴趣,培养他们的积极性、主动性和创造性。此外,还可以根据不同课程类型或课程特征选用不同的教授方式。针对我国的大部分学生在听力方面较薄弱和教材单调的问题,我们可以使用情境教学的方式进行授课。这种方法使用图文加视频资料等多种教学资源,能够提高学生的理解能力,同时也能够激发他们的学习热情和积极性,让学生在学习中不仅乐于参与,也更容易入门。

（二）更新传统的教材体系

编写教材的基本原则是教学的基础，因为它会直接影响教师选择教学方法和内容，最终对教学效果产生影响。编写教材时，应当关注题材的多样化，使用真实、有趣的材料，并鼓励学习者积极参与学习，使学生们能够在愉快轻松的氛围中学习。从而避免教师在课堂上仅注重教材的问题，以实现提高学生的语言交际水平为目标。

（三）情感态度是影响学习者学习和发展的重要因素

美国著名语言教育家斯蒂申·克拉申（Stein Krashen），根据他在1982年所提出的情感过滤假说，语言学习的过程需要积极、乐观的情感态度来推动。那些具有较强自信心和学习动机的学生通常能够更快地掌握语言技能。如果教师总是在教学过程中挑出学生的各种错误，特别是语言形式上的错误，那么学生难免会感到挫败和厌学，这会对他们的语言学习兴趣和效果造成长期的不良影响。因此，在教学过程中，教师需要关注学生的学习动力和主动性，帮助他们减少紧张的情绪。教师应该以宽容的心态来应对学生的语言错误，不一定要对每个错误都严加指责，而是要鼓励学生大胆尝试，不断创新。只有在语言错误对表达意思产生重要影响或导致交流障碍时，才有必要以委婉、温和的方式指出并纠正。此外，教师应该注重提高学生的流畅度，并在此基础上逐步提高准确度，以此来提高教学效率。

（四）改革传统的测试评估体系

改革传统的测试评估体系能够解除教学内容受传统测试束缚的限制，减少对学生语言交际技能提升的负面影响。测试被认为是评估教师的教学效果及学生语言熟练度的重要度量标准。考虑到测试的重要性，英语教师在短期内难以改变自己专注于为学生应对考试而进行教学的态势。在一定程度上，测试控制了课堂教学的主导权。由于课堂教学受到测试的影响，英语教学者和测试者应该展开广泛的合作和交流，以确保测试能够有力地促进课堂教学，为学生带来更大的价值。可以适当增强语言测试的听说部分，这样可以激励教师改变教学重点，从注重语言形式转向培养学生的语言综合运用能力，提高学生的语言水平，促进测试体系的进一步发展和完善。

（五）坚持"以学生为中心"的理念

在课堂中，教师扮演着关键的角色，但是他们需要以学生为中心。这可以培养学生的协作精神、自主学习意识和策略意识，从而更好地激发学生的学习兴趣，形成积极、乐观的学习态度。最终推动英语实际应用能力的发展。在英语教学中，有许多因素会影响教学的复杂性，这些因素包括学生的水平、学习目标、学习环境及学习阶段等。在进行教学时，教师应该保持开放的心态，不受限于某一种教学方式，而是随时更新自己的教学理念。同时，对于原有的教学方法，应该持有辩证的态度，保留其中的优点，去除缺点。为了最大化提高课堂教学效率，促进学生的英语水平提升，应该充分借鉴其他教师的优秀教学方法，并根据实际情况进行选择和综合运用。

（六）培养学生的英语表达能力

英语水平的发展包括英语的表达能力。但是，在传统英语教学中，教师通常注意不到锻炼学生英语表达能力的重要性。所以，英语教师应该优化教学方式，帮助学生培养出色的英语表达技能，全面促进学生发展，为他们未来接受更高阶层次的英语教育奠定稳固的基础。首先，教师需要在课堂上创造特定的教学环境，以帮助学生更深入地理解抽象的语法知识，而这个教学环境应该是轻松和愉快的。当教师讲解"Travel Journal"时，可以通过创设旅游教学情境来激发学生表达对旅游目的地的兴趣，并引入本章教学内容。其次，教师应根据学生的实际学习情况，设计适宜的发展目标，协助学生进行听、说、读、写等多样化的训练，以促进学生的全面成长。最后，在课堂中给学生自由练习的时间就是为了让学生发挥主观能动性，提高英语表达能力。通过以上的教育手段，教师可以帮助学生在英语表达方面全面提升，并培养学生具备优秀的英语核心素养。

（七）培养学生的英语思维能力

培养学生英语思维能力是教师的职责之一，这有助于学生形成核心素养。因此，在英语教学过程中，学校教师应该培养学生的观察能力、分析能力和发散思维能力，以便帮助学生形成英语思维。在课堂上，英语教师需要留出一定时间，鼓励学生自主探究英语知识，帮助他们简单理解教学内容，以此培养学生形成自己的英语视角。教师需要了解学生思维的发展规律，以此为基础来引导学生分析英语教材，并提高学生分析英语的能力。此外，教师须围绕教材内容拓展学生的英语知识面，以培养学生的思维能力。例如，当教师进行有关健康饮食的讲解时，应提前要求学生自主预习。在课堂上，针对学生已经预习过的内容，讲解本节课的重点知识，并利用互联网上的教育资源，扩展有关健康饮食的知识范围。通过促使学生互相讨论，培养其自主思考的能力，可以显著提高英语教学的效果，有效促进学生形成关键的英语核心素养。

（八）培养学生的英语学习能力

英语教师应该全方位了解学生的学习方式和特点，以此来唤起他们对英语知识的好奇心和热情。在教学过程中，教师应营造适宜的教学环境，使得学生在舒适愉悦的氛围中轻松学习英语知识。当教师在授课农耕时，可以创造一个仿真的农民耕地的课堂环境，以帮助学生把所学知识和生活实际联系起来，并且增强学生对土地耕作方面的相关知识的认识。教师可以把学生分为若干小组，要求他们在组内讨论本节课程的知识，并创造一种健康竞争的学习氛围。随后，教师会对学生进行提问，而那些英语表达能力优秀的同学会受到教师的赞扬。这种教育模式能够切实提升学生的英语学习能力，并且帮助他们将所学知识真正应用到日常生活中。这对于教师来说非常有利，因为他们可以培养学生的英语核心素养，从而营造高效的英语课堂。

三、英语教学基本思路的转变

怎样定义一堂英语课的好与坏？尽管每位教师的答案可能存在差异，但有一些因素是被大部分教师和教研工作者广泛认可的，包括学生对所学语言材料的深入理解、学生始终保持专注、学生在学习时采用英语语言、学生在学习的整个过程中保持了持续的参与度、应当按照预定计划有条不紊地开展课堂教学、语言一直被当作学习过程中的交流和沟通工具。

通过仔细观察，我们可以得出一个结论，那就是要使一节英语课获得良好的效果，必须做到以下三点：首先，学生必须表现出高度的积极性和参与度；其次，教师需要按照教学计划，帮助学生掌握语言材料；最后，在课堂上进行仿真真实的语言交际行为。这三要素也是课堂教学的重要组成部分，概括而言分别是激发兴趣、语言学习、交际运用,下面分别解释。第一个要素是激发兴趣。上英语课时有些学生可能会分心,这是因为他们缺乏对所学内容的兴趣,没有全身心地投入学习。只要教师使用不同的方法激发他们的兴趣或者给予一些挑战,学生的参与积极性将会明显提高。激发学生兴趣的途径有很多,可以根据学生的年龄和具体情况采用不同的方法。总的来说,在目前我国英语教学的现状下,我们不能完全排除传统教学方法,可以采用游戏、唱歌、讨论讲故事、展示实物或多媒体等方式来辅助教学,调动学生的积极性。

第二个要素是语言学习。语言学习涵盖了很多方面,从基本的音标、单词和语法规则,到语言的更深层次的意义和表现风格都是其内容。在教学中,教师务必坚持让学生进行语言技能的练习,以便他们能够逐渐掌握更多的语言技巧和知识。

在英语课上,交际运用是必不可少的第三个要素。学生需要在教师的指导下,尽可能地用所学的语言进行模拟真实场景的交流。在交际运用方面,我们可以运用多种方法来达成目的,例如扮演不同角色、展开讨论、进行详细描述、设计方案、进行采访、故事叙述及写作等。

把ESA(Engage、Study、Activate)三个要素作为一堂成功的英语课的基础,主要原因在于它汲取了当前英语教学法的主要流派的精髓,特别是认为听说法和交际法是学生语言能力提升的核心。听说法的心理学理论背后的学术基础是行为主义学派的理论。在这一领域的开创人物中,斯金纳(B. F. Skinner)和华生(J. B. Waston)被认为是新行为主义学习理论的代表人物。他们提出了一种"刺激—反应"的理论。根据此理论,语言学习是在特定环境下逐渐形成的一种习惯。这样的表述可能忽略了语言学习的复杂性,因为它并非仅仅依赖于习惯的形成,还包括其他因素[①]。虽然这一理论仍旧备受争议,但是英语教师普遍采用这种方法进行训练,并且取得了显著的成效。听说法注重培养口语表达能力,着重强化发音、语调和口语训练。提倡采用听说先行、读写后续的教学顺序,将课堂时间大部分用于教师引导和控制下

---

①张昱. 现代管理心理学[M]. 武汉:中国地质大学出版社,1988.

进行重复性句型练习，或角色扮演对话，以此呈现新词汇和结构。倡导在学习对话时利用模仿和重复的方法，且在句型教学的基础上加强语法知识的授课。减少口语和翻译的使用是其立场，鼓励通过视觉、情境和上下文的使用以及用英语直接解释。针对新手，这种句型结构规则的教学方法科学实用，能够帮助学生在短时间内显著提升语言水平。

据说，另一个使听说法受欢迎的优点是它注重对英语语言的比较和分析，教师可以预见到难点并严格控制教学内容，从而避免学生犯错误。这个优点也在听说法的第二要素中有所体现。社会语言学是交际法的语言理论基础，其中乔姆斯基（Noam Chomsky）和费斯曼（J. A. Fishman）是代表人物。交际法强调根据不同的实际交际需求（如问候、邀请、拜访、就医等）来组织教学内容，以满足学生未来就业的需要。与听说法不同，交际法着眼于培养学生的创造性思维和表达情感的能力。教学过程中，交际法力求根据不同阶段的学习要求，采取适宜的方式开展交际活动，从而使学生能够整合和应用自己所学的英语知识，表达出准确的情感表达能力。交际法的经典教学方法是通过"双人活动"或"小组活动"来营造课堂氛围和场景，教师会设置具体的交际场景，引导学生参加互动讨论，有时候教师也会加入其中。语段作为教学的基本单位，学生从最初的阶段开始就同时学习听、说、读、写等英语技能，通过广泛接触英语，逐渐掌握它，并强调"遗忘母语"的重要性。这种教学方法源自课堂上推崇交际运用的理念。

首先，虽然交际法是一种有效的沟通方法，但它并不是完美无缺的，因为它忽略了语言的规范性和准确性，这会影响到交际效果。由于缺乏积累语言知识的逐步深入系统，交际活动容易出现断层和欠缺，同时，教师和教材在选择交际功能时有很大的自由裁量。诸如经济实力、教师队伍、班级规模过大，以及学生能力参差不齐等多种因素均直接影响着交际法教学的效果。在ESA的三要素中，有一些方法可以被采用，来最小化上述缺陷。当遇到类似的问题时，教师可以运用ESA模型中关于"学习"或"参与"的一些策略来解决。

其次，ESA的三个要素充分地考虑了教学的实际情况，表现出以实际情况为基础的教学理念。它让人印象深刻的特点是实用性强、操作性强，不再强调一些抽象的理论，而是提供可行的教学步骤。

最后，ESA模式为教师提供了多种课堂组织形式的选择，以适应不同情况下的教学需求，从而避免了教学方法上的单一化和刻板化，有利于教师开展个性化教学。此外，ESA模式也使人们对英语课的评价标准有了更明确的认识。对于使用新教材的教师来说，ESA模式具有实际的指导意义。新教材对语言知识的需求更高，同时也对交际能力提出了更高的要求。因此，有效的教学方法对教师来说更加重要，这也为ESA三要素的有效应用提供了更好的条件。ESA是一堂好的英语课的必备要素，在教学中应当适度使用。针对学生的层次和水平，有必要采用不同的教学方法。

虽然三要素是非常重要的，但并不意味着每堂课都需要采用同样的教学流程。相反，教师应该基于学生和教学材料的不同实际情况，灵活采取各种方式和方法。对于新手，可以使用"直线式"流程，即按照激发兴趣、学习语言和交际运用的顺序来学习。在某些情况下，这三个要素也可以采用"迂回型"的流程，即先激发兴趣，然后通过交际运用来巩固学习语言，最后再进一步提高语言水平。教师可以透过第一种"直线式"流程，明确地知道学生所需的资讯，并且自然地将必要的知识传授给学生。相比之下，第二种"迂回式"流程则较适合用于复习或总结方面的课程，因为它能够帮助教师预防不清楚学生知识漏洞的情况。在规划教学步骤时，我们应该考虑多种不同的方法，例如"混合式""套用式"或"连环式"，具体选择方法应该取决于实际需要。处于教学实践中最前线的英语教师，必须意识到，没有一种教学方法能适用于所有情况，因此我们不能固守一成不变的观念。在课堂上，教师需要充分考虑ESA三个因素的实现方法，因为教学过程中会遇到许多因素，如学生的情况和反应、班级人数、上课时间安排和教材内容等。在应对这些变化因素时，教师应灵活运用不同的方法，选择最有效的方式来教授，并根据自己的风格、经验和能力来进行相应调整。要想掌握英语教学法，就必须把理论和实践结合起来。掌握英语教学的基本理论，然后不断摸索并总结适合自己、有效的教学方法。只有通过不断实践并积累经验，才能真正成为一名优秀的英语教师。

第二章　英语教学理论基础与方法流派

英语教学不但与语言学科有关系，还与语言学相关学科和教育相关学科有关联。相关学科的理论和方法也都会被应用到英语教学当中，同时英语教学的不断发展也是以这些相关学科的理论和方法为基础的。本章主要介绍英语教学理论基础与方法流派，主要从两个方面进行了阐述，分别是英语教学理论基础、英语教学方法流派。

第一节　英语教学理论基础

一、语言本质理论

（一）语言功能理论

英国的语言学家韩礼德（M. A. K. Halliday）是功能学派的标志性人物，他主要致力于研究社会功能层面，并且他主张语言是不断变化的，语言的社会功能也会相应地对其本身产生一定的影响。这就有必要对语言的充分使用进行探究，才能将语言的全部功能及其构成意义的全部成分进行集中。下面将具体讲述韩礼德主张的语言功能分类。[①]

1. 微观的功能

韩礼德认为语言的微观的功能主要出现在儿童进行母语学习的初始阶段，并且包括7种功能，分别为：①控制功能；②表达个体的功能；③想象功能；④启发功能；⑤工具功能；⑥相关系功能；⑦信息功能。

[①] 鲁静. 思维创新在高校英语教学中的应用 [M]. 长春：吉林人民出版社，2020.

2. 宏观的功能

与微观的功能进行比较可以发现，语言的宏观功能相对更加复杂、更加丰富、更加抽象。语言的宏观功能是儿童向成人语言过渡时产生的语言功能，主要分为以下两种。

（1）实用功能

实用功能指儿童在学习语言的早期，由工具、相互关系和控制等功能所延伸出来的功能，并且是儿童把语言作为做事的方式和手段的功能。

（2）理性功能

理性功能衍生于儿童学习语言早期微观功能当中的启发功能，并且是儿童把学习知识和观察事物作为一种手段和途径的功能。

宏观的功能是儿童早期进行语言学习时的过渡功能，它与微观及纯理功能是延续的关系，这也在一定程度上显示出了人类语言的功能可以依据情况运用到各个场合，也在一定程度上显示出人们在使用语言进行交流的过程中，也要进行相应的语言创造才行。

3. 纯理功能

韩礼德主张的纯理功能对语言学派有不可忽视的影响，主要包括以下3个方面。

（1）人际功能

人际功能指的是语言所具有的表明、建立与维护社会关系方面的功能。运用这种功能，讲话的人能够在某种环境下讲出自己真实的想法、推断和态度，进行完整表达，并在一定程度上对他人产生影响。

（2）篇章功能

篇章功能是指语言所具有的创造通顺的话语和连贯的篇章，并且十分契合题目的功能。他还认为语篇其实是具有一定功能的语言。

（3）概念功能

概念功能是指人们运用恰当的语言对自己亲身经历的事情和自身的感想进行概述的功能。也就是说人们通过概念来对经验进行解码，从而达到对事物进行表达及阐述这一目的。

韩礼德还主张，基本上每个句子都可以在一定程度上体现出上述三种功能且通常以并存形式存在。关于语言的本质，韩礼德的观点不仅为人类提供了新的角度，有助于语言学界对语言的进一步理解和探究，也为后来产生的交际法教学流派提供了一定的理论依据。

（二）转换生成语法

20世纪50年代后期，美国语言学界出现了一种全新的理论，即艾弗拉姆·诺姆·乔姆斯基（Avram Noam Chomsky）的转换生成语法，这一理论猛烈地冲击了当时在美国占主导地位的结构主义描写语言学，一场以乔姆斯基为代表的语言学革命就此掀起。

这场革命对语言学界影响之深、波及面之广都是前所未有的。乔姆斯基的理论不但影响了语言学界，而且对认知心理学、二语习得理论、计算机科学都有重要的影响。[1]

转换生成语法是乔姆斯基的代表性理论。1957年出版的《句法结构》一书标志着这一理论的诞生，乔姆斯基在半个世纪里，一直在不断改进自己的理论，使之更具有解释性，更符合经济的原则。概括地讲，乔姆斯基的转换生成语法有以下四个方面的特征。

首先，把语言定义为一套规则或者原理。

其次，专注语法研究。语言学家的研究对象应从语言转向语法，目标是开发一种具有生成能力的语法。这个语法能够捕捉到本族语言使用者所固有的知识。

这涉及到语言习得和语言普适性的议题。

再次，乔姆斯基和他的支持者对于揭示母语使用者默认知识的材料非常热衷。他们不经常使用那些以本族语言为基础的材料，而是信赖自己的直觉。

最后，所采用的研究方法是演绎-推理。乔姆斯基使用这种方法来阐明关于语言结构的假设，即语言的普遍理论。这个理论被个别语言的语法所验证，而每个个别语法都是关于普遍语言的普遍理论的假设。

乔姆斯基指出，语言是一种具有规则性的行为，就像人类的其他行为一样受到规则的支配。人类根据语言规则，利用有限的基本语言单位，创造了

---

[1] 冯华，李翠，罗果. 英语语言学与教学方法研究［M］. 长春：吉林人民出版社，2019.

没有数量限制的、复杂多样的语言句子,这就展现了语言的无限创造力。①学习语言并不是单纯地掌握某些特定的句子,而是学会应用语言规则来构建和理解新的句子,这些句子可能是我们以前从未使用过或遇见过的。

乔姆斯基在研究语言中发现儿童学习母语有其独特的地方。他发现,虽然儿童接触到的都是结构较为简单的语言,他们的生活条件会有差异,智力上也存在差别,但是一般到了五六岁,儿童都能掌握母语。乔姆斯基认为,儿童能够在缺失刺激的环境下快速学会母语,是因为他们的大脑里自带了一个"语言习得器",这个器官在发挥作用。据乔姆斯基所言,语言习得是一种天赋,儿童天生具备学习语言的能力,这种能力被称为"语言习得机制"。换而言之,乔姆斯基认为语言能力天生存在于儿童身上,无须人为培训即可自然而然地习得语言。乔姆斯基运用类比方法进行推理进而得出"普遍语法"。这种普遍语法是由乔姆斯基称之为原则和参数的抽象系统组成的,普遍语法原则说明语言有通用规律,而普遍语法参数的设定则导致了语言之间结构的不同。②因而,各种语言之间的差异在某种程度上可以归因于参数的设定不同。儿童使用英语或汉语是由其所处的语言环境和接受到的语言输入来决定的。

尽管乔姆斯基提出普遍语法假说的目的是探讨儿童是如何习得母语的,但这个理论对二语习得也有重要的启示作用。

(三)言语行为理论

20世纪50年代,约翰·朗肖·奥斯丁(John Langshaw Austin)建立了言语行为的相关理论。③随后来自美国的约翰·塞尔(John Searle)又在其基础上进行了改进,并逐渐发展出一种用来解释人类语言与交际的理论,即言语行为理论。该理论不仅促进了语言教学的发展,还为意念大纲的产生和发展提供了宝贵的理论基础。在一般的语言教学与大纲设计当中,言语行为通常叫作"功能"或"语言功能"。下面主要介绍奥斯丁和塞尔的言语行为理论。

---

①黄建华,赵日海,程红霞. 实用英语教学理论研究与实践应用 [M]. 长春:吉林大学出版社,2012.

②何广铿. 英语教学法教程:理论与实践 [M]. 广州:暨南大学出版社,2011.

③刘传清,肖劲松. 大学生语言能力训练指南 [M]. 武汉:华中师范大学出版社,2012.

1. 奥斯丁关于言语行为理论的观点

奥斯丁将话语分成了两个方面：一是表述句；二是施为句。除此之外，奥斯丁还以此为基础，提出了言语行为的三分说理论。

（1）表述句

表述句是指用于描写客观事物、报道客观事件、陈述客观事实的句子。关于表述句，能够进行验证，且有真假之分。如"Robert is lying in bed."这句话中，Robert如果真的躺在床上，就代表此句话为真，但是如果Robert没有躺在床上，就代表此句话为假。

（2）施为句

施为句是指通过创造新事态来对世界进行改变的句子。关于施为句，是不能进行验证的，也就没有真假之分。如"I call the toy horse Spirit."这句话，是没办法进行验证，也不知道真假的。此句话的意义为对玩具马进行命名，也就是说在一定程度上改变了客观的世界。

由此看来，表述句与施为句最主要的区别是，表述句是以言指事与以言叙事的，而施为句则是以言行事与以言施事的。

（3）三分说理论

奥斯丁提出的三分说理论具体可以分为以下几个方面。

①以言指事的行为：是指通过对发音器官的振动，发出相应的话语，从而按照一定的规则将这些话语排列成相应的词组或句子。一般代表意义上的行为。

②以言行事的行为：是指根据说话的方式来实施相应的行为或做事。该行为具体表明的是说话人的意图。奥斯丁把该语言行为分成了五个方面，分别为评价行为、施权行为、承诺行为、伦理行为和表行为。

③以言成事的行为：通过言语的不同方式产生不同的效应，也就是指由说话所带来的一定的后果。在这里要特别表明的一点是，以言成事行为和以言取效行为都是指由说话导致的相应的结果，且不管结果怎样，都与说话人的意图没有关系。

2. 塞尔关于言语行为理论的观点

塞尔在奥斯丁的理论基础上进行了相应的改良，并提出了相应的间接言语行为理论。[①]下面进行具体分析。

（1）以言行事行为的分类

①承诺类：该分类指说话的人对未来即将要发生事情的行为所进行的不同程度的保证和承诺，承诺类以言行事行为的动词有threaten、guarantee、promise、commit等。

②表达类：该分类指说话的人具有的某种心理状态。表达类以言行事行为的动词有apologize、welcome、regret、boast等。

③断言类：该分类指说话的人针对某一事情所作出的判断和态度的表明。断言类以言行事行为的动词有slate、remind、inform、claim等。

④宣告类：该分类指说话的人所要表明的命题的相关内容和客观现实是相同的。宣告类以言行事行为的动词有nominate、announce、declare、resign等。

⑤指令类：该分类指说话的人指使或者命令别人去做相应的事情。指令类以言行事行为的动词有invite、order、advise、suggest等。

塞尔提出的重新分类的方法由于其科学性和实用性，至今仍在运用。

（2）间接言语行为理论

间接的言语行为就是指采用对另一行为的实施的方法，从而达到间接实施言语行为的目的一种行为。如"Can you pass the bottle for me？"这句话，从言语行为方面来看，表面上看似是在询问，但其实是在表达"请求"，也就是说，在该句中，"请求"是借助"询问"的方式来间接实施的。塞尔还把间接言语行为分为以下两类。

①规约性间接言语行为：该行为一般基于对听话人的礼貌行为，并且依据说话人使用的句法形式可以推断出相应的语意。

②非规约性间接言语行为：该行为一般相对复杂，并且一般都要依据交际双方的共识语言信息对当下的处境等情况做出合理判断。

[①]卢昕，马春线，宋凯. 高校英语教学的基础理论与应用研究［M］. 北京：九州出版社，2017.

(四)交际能力理论

乔姆斯基在1965年出版的《句法理论面面观》中引入了"语言能力"和"语言运用"这两个概念,用于语言学的研究。根据乔姆斯基的阐述,人们的"语言能力"指的是掌握一种语言的知识,而"语言运用"则是指在特定情境下实际运用这种语言的能力。对乔姆斯基的"语言能力"这个概念,语言学界有各种各样的反应。一些学者根据语言的社会交际功能,研究了语言使用者和语言使用的理论。著名的美国社会语言学家戴尔·海姆斯(Dell Hymes)提出了"交际能力"这一概念,这是乔姆斯基理论的典型代表。此外,卡纳尔(M.Canale)和斯温(Swain)也对交际能力做过较为详细的论述。

1. 海姆斯的交际能力理论

据海姆斯所述,乔姆斯基的"语言能力"并非关注语言的运用和社交交际时恰当的语言应用。他的交际能力理论旨在研究社会生活中人们所真实拥有的语言能力。他将这种具体且全面的语言应用技能称作"交际能力",用以区别于乔姆斯基理想中的"语言能力"。可以这样表述:乔姆斯基认为,理想的说话人在单一的言语共同体中,其听话人的语言能力主要由普遍语法和个别语法两个构成元素组成。这两者在一定程度上共同构成了理想的说话人的语言基础。因此,乔姆斯基的这种"语言能力"应当被认为是一项语法能力。海姆斯指出,本族语使用者的语言能力远远超过了乔姆斯基的"语言能力"。他相信,现实生活中具备交际能力不仅仅涉及语言规则的掌握,还包括了对于语言在社交场合中运用的规则的熟练掌握。

根据海姆斯的理论,若一人具备交际技巧,则应懂得在何时、何地,以何种方式与何人交际,并明确该说哪些话题,以及哪些话不合适。海姆斯认为,一个人的交际能力不仅仅是语法和语言方面的能力,还包括对心理、社会文化和使用概率的判断能力。因此,沟通技巧应该覆盖以下4个方面。[①]

①懂得句子的语法规则并能够构造符合规则的句子。

②能够评估语言形式的可行性。

[①] 黄建华,赵日海,程红霞. 实用英语教学理论研究与实践应用 [M]. 长春:吉林大学出版社,2012.

③能够在社交场合中运用得当的语言表达。有些语句在语法和操作上都是合理的，但在特定语境下却不恰当。

④了解哪些话可以在实际情况下说出来。在口语交际中，虽然有一些语言形式在理论上是可行的、得体的，但在实际使用中却很少被人使用。

海姆斯提出的交际能力理论一经问世，立即在语言学和应用语言学界引起强烈反响。它对制定外语教学目标产生直接的影响。

2. 卡纳尔和斯温对交际能力的分析

在《第二语言教学和测试交际法的理论基础》一文中，卡纳尔和斯温探讨了交际能力的构成。根据他们的论断，交际能力包含以下4个方面的技能。

①语法能力（grammatical competence）。语法能力指的是对语音、词汇和语法等方面知识的掌握和运用能力，这也可以从乔姆斯基所述的"语言能力"或海姆斯所谓的"形式上的可能性"中得出。

②语篇能力（discourse competence）。这种能力描述的是在特定的环境下，能够理解句子之间的逻辑关系和句子所表达的意思，并能够将它们组合成一篇连贯的文章的能力。例如，"他同意到此品尝美食。"这句话可以在不同的语境或上下文中表达不同的意义。它可以是以言述事——用句子来叙述事实，也可以是以言做事——做出一次允诺，也可以是以言成事——使听话人感到高兴。

③社会语言能力（social linguisti cability）。社会语言能力是指一个人在特定的社会环境中适当地运用语言的能力。换句话说，这种能力可以被定义为在多样社会环境下，能够使用不同语体和言语，以达到多样交际目的的技能。众所周知，人们在不同的情境下往往呈现出特定的社会身份。当英语教师在学校里授课时，他所使用的语言会和在与同事交谈时使用的语言略有不同，与子女交流时，使用的语言方式通常不同于与父母交流时的方式。这些不同的语言形式基于人们的不同身份和各种具体情况，在不同场合下产生的。这种现象可以归因于在不同的社会背景下运用不同的语言风格。

④策略能力（strategic competence）。策略能力也叫补偿能力，指的是一种通过语言或非语言手段达成交际目的的能力，也就是在交际中巧妙运用开场白、承接、转换话题及结束谈话等技巧的能力。卡纳尔和斯温对交际能

力的分析对于后来的语言研究和外语教学产生了深远的影响。按照他们的观点，由于交际能力是由上述的4种能力组成的，语言教学应当着重培养这4种基本能力。

二、语言学习理论

（一）行为主义学习理论

行为主义学习理论主要来自伊万·彼得罗维奇·巴甫洛夫的"条件反射"理论，受"条件反射"概念的启发和影响，人们开始从实验角度和理论角度对儿童的语言学习过程进行具体的分析和探讨。经过探究发现，儿童的语言学习过程实际上就是在不断地进行"刺激—反应"，并且在此过程中逐渐掌握了母语。该理论的主要代表人物如下。

1. 行为主义学习理论的代表人物

（1）华生

在20世纪初期，约翰·华生（John Watson）建立了行为主义学习的理论，标志着这一理论的产生。华生认为行为主义是指可以通过一些客观方法的运用进行的直接观察的行为。他还认为，人与动物所产生的所有复杂的行为都是受一定的环境影响，并逐渐进行学习而获得的，并且有刺激与反映这一共同的因素作用。基于此，他便提出了"刺激—反应"公式。

（2）斯金纳

伯尔赫斯·弗雷德里克·斯金纳（Burrhus Frederic Skinner）将自己的理论建立在华生之上，进行了进一步的继承和拓展，并且在《言语行为》一书中提到了一系列行为主义对言语行为系统的看法，于1957年发表。该书的出版还确立了行为主义在语言教学理论中占据的主导地位。

斯金纳认为人们的一些言语或是言语的一部分都是由某种刺激所产生的相应结果，而刺激又包括三个方面，即言语刺激、外部刺激和内部刺激。通过反复刺激，不仅能够强化学习的效果，还能在一定程度上教会人们使用合适的语言形式。由此可见，重复刺激在学习过程中的地位举足轻重。

行为主义学习的理论在美国盛行了几十年，以至于在如今的教育机制中地位突出。所以，教师可以采用一些干预活动来指导学生的行为，从而在一定程度上帮助学生掌握学习知识，发展语言的有关技能。除此之外，不时地为学生提供有关接触语言的材料也是行为学习理论的表现之一。

2. 行为主义学习理论的指导意义

行为主义学习理论对于当前的教学也起着重要作用。例如，在行为主义学习理论的指导下，学习者为了获得表扬，往往会继续某种行为；学习者为了避免惩罚，往往会终止某种行为，这些都是行为主义学习理论在学习中的典型表现。对于英语教学而言，行为主义学习理论有着重要的指导意义。具体而言，主要体现在如下几点。

（1）即时反应

反应必须出现在刺激之后，如果两者相隔时间太长，那么反应就会被淡化。

（2）重视重复

重复练习能够进一步加强学习者的记忆，使行为发生比较持久的变化。

（3）注意反馈

教师应该及时给出反馈，让学习者清楚地知道反应是否正确。

（4）逐步减少提示

在减少提示的情况下，教师应引导学习者顺利完成既定任务。

总之，行为主义学习理论促进了视听教学、程序教学及早期计算机辅助教学的发展。但是，行为主义学习理论也存在一些缺点和不足：它是对人类学习的内在心理机制的完全否定，将动物实验的结果直接生搬硬套到人类学习上，忽视了人类的主观能动作用，从而走向了环境决定论和机械主义的错误方向。

（二）认知主义学习理论

在20世纪上半叶，行为主义学派的学习理论是主流。但是行为主义把所有思维看成"刺激—反应"，在一定程度上忽视了人的意识问题，所以越来越多的学者对其产生了意见和不满。在这样的背景之下，认知主义学习理论逐渐发展。它强调学习是对情境的一定领悟和认知而逐渐形成的认知结构，并且主张研究学习的内部条件和内部过程两个方面的内容。其代表性的观点如下。

1. 苛勒——顿悟说

沃尔夫冈·苛勒（Wolfgang Kohler）是德国著名的心理学家，也是格式塔心理学的先驱。格式塔具体指的是被分离的整体或一些组织结构。该理论主张，在学习语言的过程中，要想解决一定的问题，首先就要对情境中事物之间的联系进行准确的理解，只有这样才能构成完形，实现语言的学习这一目标。[①]他还在格式塔理论的基础上提出了顿悟说，该学说主要分为以下观点。

（1）学习并不是"刺激—反应"这一活动的简单连接，而是有一定目的并通过主动了解或顿悟而逐渐组成的完形。

（2）学习并不是由不断尝试错误并进行总结实现的，而是通过顿悟实现的。

2. 皮亚杰——发生认识论

瑞士著名心理学家让·皮亚杰，主张以发生认识论为核心，研究的内容都是有关人类的认识的，包括概念、语言、认识发展等多个方面。在他看来，每个人都能追溯到童年时期，甚至胚胎时期。值得研究的相关问题还有人在出生之后是怎样形成认识和发展思维的、这些思维的产生都受什么因素的影响和制约、不同年龄和水平的智力差别等。所以皮亚杰把自己的研究重点放在了认知发展的阶段性方面和认知发展的机制方面。

他把无法进行探测的大脑进行活动的过程统一抽象成能够直接进行观察的心理模型，并运用一些客观方法对人类的高级认知活动和复杂认知活动进行探究，从而在一定程度上促进了人们对自身的进一步了解和认识。

3. 布鲁纳——发现学习理论

杰罗姆·布鲁纳（Jerome Bruner）的发现学习理论观点认为，学习的本质在于主动形成认知结构，该结构还能够用来感知与概括新事物的一般方式。认知结构实际上是建立在一定的经验基础上的，通过不断地改变，从而逐渐学习新知识。

[①] 卢昕，马春线，宋凯. 高校英语教学的基础理论与应用研究［M］. 北京：九州出版社，2017.

他将学习分成了三个过程：一是知识的获得；二是知识的转换；三是知识的评价。学习任何一门学科都要学习一系列的新知识，因此每种知识的学习都要经过知识的获得、知识的转换和知识的评价这三个过程。所以，发现学习在某种程度上来讲是最好的学习方式。

发现学习的中心是学生，教师通过开展一系列激发学生的学习兴趣和动机的活动，引导学生进行观察、分析和归纳，从而逐渐培养学生独立分析问题与解决问题的能力。该理论的提出是布鲁纳结合学习论和教育论，做出的巨大贡献。

4. 奥苏贝尔——认知-同化学习理论

美国认知教育心理学家戴维·保罗·奥苏贝尔（David Pawl Ausubel）在总结前人的理论之后将学习分为以下两个维度。①

（1）以学习方式进行划分

按照此种划分标准，学习可分为以下两种类型。

①接受学习。接受学习指通过定论的形式将要学习的内容传授给学生。

②发现学习。与接受学习相比，发现学习并不是将要学习的内容直接呈现给学生，而是通过安排学生进行一系列活动，从而逐渐发现这些内容，再逐渐内化到学生的认知结构当中。

（2）以学习资料和学习者知识结构的关系进行划分

按照此种划分标准，学习可分为以下两种类型。

①机械学习。机械学习的意思是学生并没有对所学知识进行透彻理解，而是仅仅机械地记住了部分符号的词句或是组合形式。

②意义学习。意义学习的意思是把符号代表的对应的新知识和学生已有的观念等相结合，建立一种非人为的、实质性的联系。

上述两种维度的结合能够对学习进行再度划分，分为4种类型：①有意义地接受学习；②有意义地发现学习；③机械地接受学习；④机械地发现学习。奥苏贝尔还认为有意义地接受学习能够在相对较短的时间里让学生获得

---

① 卢昕，马春线，宋凯. 高校英语教学的基础理论与应用研究 [M]. 北京：九州出版社，2017.

大量的系统知识，是进行教学的第一目标。

他还认为相对有意义的学习过程其实就是原来的观念对新的观念的逐渐同化过程，且该过程主要有以下几种方式。

①总括学习。总括学习又叫作"上位学习"，意思就是在已具备的部分从属观念的基础之上总结归纳出一个总的观念或观点。

②类属学习。类属学习又叫作"下位学习"，意思就是将从属观念与总的观念进行结合，从而建立起一定的联系。

③并列结合学习。这种学习是指在学习的过程中，前面所学的知识和现在所学的新知识在某种程度上是相通的，所以，可以借助之前的知识，来获得新知识的意义。

但还有一点需要在学习中注意，虽然学习结束了，但是同化的过程还在继续，因此在之后必须对知识进行再整合和重组，只有这样才能够将知识掌握得更加牢固。

（三）人本主义学习理论

人本主义心理学是在批判行为主义心理学和精神分析心理学的基础上发展起来的，被称作心理学的"第三种势力"。它兴起于20世纪60年代，代表人物有美国心理学家亚伯拉罕·马斯洛（Abraham Maslow）和卡尔·罗杰斯（Carl Rogers）。

人本主义注重人的独特性、自由、理性、发展潜能，认为人的行为主要受自我意识的支配，要想充分了解人的行为，就必须考虑到每个人都有一种指向个人成长的基本需要。

1. 人本主义学习理论的基本观点

（1）需要层次理论

马斯洛提出的需要层次理论是动机理论的核心。他认为，人类行为的驱动力是人的一种需要。

马斯洛将人的需要分为生理需要、安全需要、归属与爱的需要、尊重的需要和自我实现的需要。这些需要之间存在一种由低到高的等级递进关系，只有低级的需要被满足后，才能进一步满足更高级的需要，其中生理需要是最基本最低级的需要。自我实现是指人天生具有一种潜能，只有充分发挥自己的潜能,最大限度地发展自我,才能获得持续的满足感。[①]

这些需要可以归纳为以下两类。一类是缺失需要,是人与动物所共有的,包括生理需要、安全需要、归属与爱的需要。另一类是生长需要,是人类所特有的,包括尊重的需要和自我实现的需要。只有满足了个体的第二类需求,才能使其达到心理自由状态,实现个人价值,体验深刻的幸福感。

在英语学习中,学生是否能达到教师所要求的水平并不重要,重要的是他们思考着、创造着,并且积极地体验着学习活动的全过程。只要满足了自我实现的需要,学习自然就成为他们生活当中必需的活动之一。

人本主义学习理论认为人的成长和学习动力主要来自自我实现的需要,这种满足感使学生产生学习的动力,而不断学习又能使他们获得更大的满足感,学习就是在这样的循环中不断进行的。

(2)非指导性教学理论

罗杰斯将心理咨询中的方法应用到英语教学中,从而提出了非指导性教学理论。他主张教学应以学生为中心,将学生的"自我意识"作为教学的核心要求。

所有的教学活动都必须考虑到学生自身的需求和要求。"自主学习"是非指导性教学的核心,其目的是推动学习者充分发挥自身潜能,实现自我价值。而自我实现需要进行"意义学习"。所谓"意义学习"是一种能够显著改变个体行为、态度和个性的学习方式。这种学习方法的关键在于发掘学习者内在的学习潜能,促进右脑情感方面的全面发展,从而培养具有认知与情感相协调的"完整人格"。学习的动力源自学生内在,贯穿于整个学习过程中,学生需要自我反思、体验和评价自己来加强意义学习。[②]

在和睦的学习环境中,发现自我、展示自我和实现自我。罗杰斯认为教师应该扮演"促进者"的角色,因此需要在以下几个方面发挥作用:第一,帮助学生识别和明确问题;第二,支持学生整理资料,并为他们提供更多样的学习体验。第三,为学生提供灵活的资源服务。第四,以小组成员身份积

[①] 李国金. 大学英语教学基础理论及改革探索[M]. 北京:北京理工大学出版社,2018.
[②] 方芳. 改革视域下的大学英语教育新探索[M]. 长春:吉林大学出版社,2019.

极参与活动。第五，积极地与小组成员分享个人的情感体验。

2. 人本主义学习理论的指导意义

英语教学本身具有特殊性，因此在英语教学的过程中，教师要始终以学生为中心，贯彻人本主义思想。正如罗杰斯所说，促进学生学习的关键并不在于教师的专业知识、教学技巧、演示与讲解、课程计划、视听辅导教材等，而在于特定的心理因素，其存在于教师与学生之间。在教学过程中，教师个人的感召力、性格、素质等都会对教学产生一定影响，而这些往往在设备和技术上不会体现出来。

这就要求教师在利用计算机的基础上发挥个人的潜力和优势，不断提升自己的知识水平和个人素质，不能仅仅满足于熟练操作计算机，还要努力通过网络与学生建立有效联系，这样才能使自己不成为网络的"奴隶"。

此外，基于人本主义学习理论，教师应该将意义学习与过程学习相结合，既让学生在做中学习，又让学生学会如何学习，这有利于学生在学习过程中处理好学与做的关系及与教师的关系，让学生的学习更为有趣。

（四）建构主义学习理论

20世纪90年代，一个新的理论在美国诞生——建构主义，它是对多个学科进行综合而发展起来的学科，它的理论体系很多，非常烦琐。所以说不同的研究者有不同的学科理论，这也导致建构主义的理论与众不同。然而，他们的认同知识的获取不是被动接受的，而是认知主体进行积极主动建构的结果。因此这一观点也被所有的建构主义研究者叫作"建构主义的第一信条"。

1. 建构主义学习思想

建构主义的影响是非常广泛和深刻的，而且对于它的定义也很难具体化，它的思想的进化也是一个曲折的过程。建构主义思想最初始于18世纪，学者代表就是意大利的维柯（Vico）和德国的哲学家伊曼努尔·康德，而皮亚杰、维果茨基被广泛认可为现代建构主义学习理论研究的先驱者。

在研究建构主义学习思想时，有一位倡导者被视为先驱。那就是苏联的心理学家维果茨基。他提出了"文化历史发展理论"，这一理论指出了学习者在认知的过程中社会文化历史背景所起到的关键作用，还在其基础上发明了新的理论，即最近发展区。通过上面的理论，维果茨基指出，个体的学习过程离不开特定的历史背景和社会文化，而且在个体学习的过程中，社会发挥着非常重要的积极作用。维果茨基将个体的发展水平分为两种，一种是现实的，另一种是潜在的。前一种是指个体通过自己的活动能够达到的水平，后一种是指个体不能独立完成，通过他人的帮助达到的水平。最近发展区不属于这两种的任意一种，而是处于两者之间的区域。[①]维果茨基属于社会文化历史学派，他们这个学派还对"活动"与"社会交往"和人的高级心理机能的发展之间的作用关系进行研究。他们的研究都给建构主义理论添砖加瓦，使其更加丰富，同时，也为这一理论应用于教学提供了条件。

2. 建构主义学习主张

（1）建构主义知识观

①知识是不断进行发展和演化的。建构主义指出，知识并不能表现出某一问题的最终结果或是标准的答案，也不能客观地反映出现实的各种现象，只是人们对于现实世界的一种"假设"或"解释"，而且在这一过程中要借助符号系统的作用。

②知识是存在于主体内部的。建构主义认为知识不会存在于个体的外部，只能以实体的形式存在于主体的内部。虽然人们通过语言符号的形式使得知识有了其外在表现的样式，但是这也不能说明不同的学生对于相同的知识的理解是一样的。因为不同的学生之间有不同的经验和背景，而且不同的学习过程对于知识的理解也会有影响。

③知识是没有绝对而且不存在终极真理的。知识只是通过个人的经验将其进行合理化，而不能对世界的真理进行说明。知识也不能解释世界上任何问题的解决办法，因为知识是个体在自己的主观意识上进行建构的。因此，在对问题进行解决时，要根据问题所处的环境进行具体分析，而不是将知识转移过去。

④生存的目的就是掌握知识。掌握知识最根本的目的不是对世界中存在的真理进行研究和分析，而是解决最根本的生存问题。建构主义的知识大部分针对的是学科知识，而且是对学科知识的理解和认识，要求必须都具备一

---

① 潘庆红，陈世灯，吴大非. 现代教育技术［M］. 北京：中国铁道出版社，2018.

定的用处。科学的知识等同于建构的知识，必须从一定的相关的关系、兴趣以及问题的立场上对其进行验证，还要对它的"生存力"和"可操作性"进行验证，如果在验证过程中，能够发现其在各种各样的语境中都存在合适的知识，并且是有用的，那么它就具有了生存力，并且会被应用。

（2）建构主义学习观

建构主义学习观认为，学生的学习是基于既有的认知结构与新的感觉信息相互作用，通过反复相互作用旧知识与新经验，主动加工和处理外部信息的过程。

换言之，学生是在分析和重构知识的过程中进行学习的。

学习过程中的建构包括两个层面：一是通过借鉴现有的经验来构建新知识的含义；二是将现有的经验进行改变和重新组合。

合作学习是建构主义所推崇的学习方式。因为每个个体意义建构的方式或角度都是独特的，只有彼此间相互合作才能弥补个人对知识理解的不足，减少理解的偏差。建构主义学习环境的四要素包括情境、协作、会话和意义建构。情境是学生进行学习活动的社会文化环境；协作是学生与学生之间、学生与教师之间或学生与网络交流者之间进行合作学习；会话是在协作过程中，通过多种方式的信息交流，实现信息共享；学习的终极目标是构建意义。

①学习的实质。学习是认知结构改变的过程。建构主义者指出，对学生的认知结构进行改变的方式就是同化和顺应。人的认知水平的发展就是这样一个结构变化的过程，即同化与顺应循环往复，平衡与不平衡相互交替。所以，建构主义认为学习的过程不是对信息进行积累，而是在学习的过程中，新的知识和旧的知识经验发生冲突，在这个过程中，学生会对自己的认知结构进行改变。

学习是主体建构的自组织循环系统。就整体而言，学习就是一个循环的过程，而且是封闭性的，没有起点和终点可言。因此，建构主义者指出，思维和学习是通过已有的结构规定的，而不是由外部决定的。建构主义者埃尔弗里达·希伯特（Elfrieda Hiebert）提出，学习的整个过程应该是兴趣—知识—记忆—情感—感知—反省—行动—平衡—摄动—重建—迁移—兴趣。

学习是个体主动建构自己知识的过程。建构主义者指出，教师的教学过程不只是把知识直接教授给学生，而是让学生自己对知识进行建构，所以，学习是一个积极的建构过程。学习是新旧知识经验之间双向的相互作用过程，而不是简单的信息输入、存储和提取。学生是这个认知的主要构成部分，学习就是个体对现实世界进行建构和理解的过程，而且，理解的过程就是对于事物进行意义赋予的过程，这也就表明，学生一定要切合自己的知识经验来对所建构的对象进行解释。

②影响学习的因素。影响学习的因素主要包括四方面的内容。

a. 先前经验。学生在学习的过程中，脑海中要对即将要学习的知识进行了解，或是有一个大概的印象。

b. 协作与对话。建构主义者将合作学习与协作、对话相结合，利用合作学习这一平台进行协商对话。学习共同体之间的协商对话就是学习。

c. 真实情境。建构主义者指出，在意义建构中，"情境"会起到很重要的作用，在学习的过程中学生会和情境产生非常密切的联系。而且他们还指出，学习只有在特定的情境中才能够完成，而且知识也只有处在这种情境中才能展现出其意义。所以，在教学中，要使学生始终处在一定情境中，在这种情境中完成真实存在的任务，并且获取经验。建构知识，从而使学生学会运用知识。

d. 情感。建构主义认为，情感对认识和学习的影响包括以下几个方面：第一，情感会对意志起到很重要的作用，有积极的也有消极的。如果是积极的就会使人对知识产生很浓厚的兴趣，如果是消极的，就会影响人们的认识能力。第二，情感在人的认识方面也会产生影响，主要表现在指向性和选择性上，情感在人们学习的过程中，会影响人们选择什么样的认识对象，并且具有侧重点。第三，情感在上下波动时会对认识的状态造成一定的影响。第四，在评价中，应该和学习环境相结合，同时发挥学生的作用。评价的主要目的就是发现教学过程中不利于教学目标的部分，从而进行调整和整合。第五，对错误和失败进行反省。建构主义认为，在学生有效学习和理解的过程中，出现错误以及对错误进行反省是不可缺少的。一个人只有在学习了"正确"的答案并且能够成功地避免再出现各种错误时，他才能真正理解一种答案。因此，在建构主义者看来，如果出现错误，学生可以在一起进行讨论，发现问题的根源，并对其进行改正。

③建构主义学习理论的指导意义。建构主义学习理论对英语教学有着重要的指导意义，具体表现为如下三点。

a. 强调学生之间的交流与合作，主张学生在互动时应该主动学习目的语。从这一意义上说，互动是语言运用的前提与基础。

b. 强调语言学习与学生的社会经历之间有密切的关系，认为将二者结合有助于推动学生更好地掌握英语这门语言。

c. 主张学生与教师之间展开互动，强调教材对学生的意义。这在一定程度上改变了教材的编写形式，也转变了教师在课堂上的角色，并对教学设计提出了更高层次的要求。

建构主义学习理论指导下的教学设计除了将教学目的涵盖在内，还需要将学生建构意义时的情境也考虑进去。也就是说，教师需要将创设情境视为教学的一项内容。

（3）建构主义教学观

①教学目标。建构主义的教学目标有其侧重点，主要侧重于以下几个方面。

a. 在教学中，注重"理解的认知过程"和起到作用的"意义建构"，并将它们作为中心目标。建构主义强调，如果学生是一个认知者，那么他在感知过程中所做的就是将建构的作用有用化。因此，在教学中，其基础的目标就是对这种建构的过程给予认可和支持。

b. 在教学目标中加入专业化知识。客观真理在建构主义的认识理论中是不存在的，但这也不能说明建构主义不承认客观真理的存在，在教学目标中将其拒之门外。建构主义提倡在教学的过程中，也要设计某种学科的专业知识。但是，在激进建构主义看来，学科知识是某个科学家的论述，并不一定正确。

c. 将社会化和文化适应纳入教学目标的行列。社会文化共同体中的儿童或青少年的发展都离不开社会化和文化适应，并且成为现在教育的一种教学目标在建构主义理论中，他们指出，社会化和文化适应能够使人们产生的思维和行动和其他人有一样的地方，而要实现这种相同，就要学习。

②教学活动。在建构主义者看来，良好的教学活动，应体现出以下几个特点。

a. 教学环境应该多样化。这种多样化的教学环境可以使得联系多元化，能够使学生在这一过程中将新的知识和原来所学的知识相结合，从而获得更深刻的理解。

b. 通过开展多样化的教学活动，使得学生能够在这种学习环境中进行自我建构，并且完成经验的积累和知识的建构。如果学生在这一教学活动中主动对空间进行利用，并且自觉地意识到了学习的重要性，那么就可以说这次的学习活动成功了。

c. 能够给学生提供一个使其进行自我发挥的环境。因此，教师不能只根据自己的意愿来组织教学活动，而是根据学生的认知结构、观念及相关经验来进行建构。建构主义教学活动具有以下显著特征：使学生之间的对话增多，不直接将问题的答案讲授给学生；在实施教学活动的过程中，鼓励学生对一些错误和矛盾进行论述，并对真理提出疑问。

d. 整个教学过程要使学生一直在"最近开发区"。教师在组织教学活动时要结合学生的当前情况，并对问题进行及时解决。

③教学过程。学生通过教师的帮助，能够自主地对相关知识进行建构。这个过程是在学生个体的内部进行的。这个过程要依靠学生的学习态度和兴趣，并与新的经验进行结合。所以，教师在这一过程中，要以学生当前所拥有的知识、态度和兴趣为基础，使学生在教学过程中获得经验，并对自己当前的知识进行建构。

④用建构主义看待教师及其专业发展。不要将某种主义、某种教学法强加给教师，而是应通过各种途径了解教师现阶段所处的真实环境等，要根据他们的各种要求开展相关的培训工作。教师在教学过程中，可以对自己的教学方法或教学过程进行记录，然后再进行相关的讨论，从而对自己在教学过程中出现的问题进行反思。

三、教育相关学习理论

（一）教育经济学

1. 教育经济学的概念

20世纪60年代，教育经济学成为一门独立的学科。教育经济学作为独立学科，专注于独特的研究对象、研究问题、研究领域。尽管有人提出了教育经济学的定义和研究对象等内容仍然存在很多争议，但毕竟这是一门新兴的学科。根据西方教育经济学家的观点，教育经济学主要研究教育的投资收益，其中包括个人和社会的收益，以及教育对经济增长和发展的贡献。据斯特恩所言，教育经济学是一个相对较新的领域，它从经济的角度研究教育；它关注的是教育的经济效益，这一关注点对于经济还不是很发达的发展中国家来说尤为重要。苏联的教育经济学家则强调，教育经济学主要关注社会主义经济规律在教育领域的独特应用。我国教育经济学家概括自己的研究范围比较广泛，他们认为教育经济学主要探讨教育与经济之间的相互作用，以及在教育领域内出现的经济现象和规律等方面。例如，我国学者李星云认为教育经济学是一门科学，研究由教育活动引发的经济现象、经济关系、经济活动，并揭示其中的客观规律，以便指导人们更好地分配教育资源、提高教育效率。它是介于经济学、教育学之间的交叉学科。

由于教育经济学的应用性很强，同时，由于不同国家和地区的教育经济学学者拥有不同的学术背景，因此各国关注的相关问题和研究的侧重点也各有不同。关于教育经济学研究对象的表述也不尽相同。尽管各国学者对于教育经济学的研究对象有不同的表述，不过，这些描述都是基于各国在当时的教育经济学研究结果而概括出来的。另外，教育经济学是一门新兴的学科，其研究领域在不断地扩展，其研究对象也必然要经历一个从混沌到清晰、从片面到全面的发展过程。所以，由于在不同的时期，学者们对教育经济学的研究对象总结和归纳也有所不同，因此研究对象也会随之变化。至今为止，西方教育经济学主要探讨了以下4个方面的问题：①估算教育对经济增长的贡献；②预估个人投入教育的成本、回报和收益率；③探究教育和收入分配、再分配、劳动力市场变动之间的关系，探究如何预测未来的劳动力供求;④研究如何最大限度地提高教育投资的经济效益,确保有效分配和使用教育经费等问题。

据我国学者林荣日所言,教育经济学的研究领域应涵盖以下几个方面:①深入探究支撑教育经济学的基本理论;②探究教育和经济之间的具体联系;③研究教育的成本问题;④研究教育的支出问题;⑤探究教育的回报性;⑥其他相关议题,如教育体制、教育规划、教育经费以及与教师有关的问题等。[①]我国学者通过对教育在我国社会主义经济增长和发展中的作用进行广泛的研究,大家达成了比较一致的共识。根据他们的看法,经济发展需要教育部门向市场提供大量技术和文化水平较高的劳动力。教育事业的进步与国家实力紧密相关,随着经济水平的提高,可投入于教育的资源也随之增加,进而促进教育的繁荣和进步。只有经济持续增长并带来财政收入的增加,才有可能实现教育经费的逐年增加,包括绝对量和在财政支出中的比例。

2. 教育经济学对我国英语教学的启示

研究教育经济学对我国英语教学的启示就是要回答这样的问题,即在我们的教育课程中开设英语课程会从哪些方面受益。

我国的英语教育发展走过了不平坦的道路。目前,从培养人才的角度来考虑,我们需要按英语课程改革的要求来开设英语课,之所以这样做,原因就在于21世纪人的生存与发展的基本技能为母语、一门外语和计算机的操作能力。国际上绝大部分的学术论文都是用英语发表或宣读的,英语是国际互联网的主要应用语言。因此,从学术交流和经济发展的需要来考虑,我们也有必要开设英语课。此外,开设英语课程还可以从其他方面受益,例如学习外语有助于促进学生的全面发展,有利于学生良好的性格、品格、意志和交往合作精神的发展。

从经济角度考虑教育,就是要从宏观上把握外语开设的效益,同时还要从微观上对必要的费用和效益进行评估。从微观上进行评估需要考虑下面的一些问题:①教师培训费用;②管理人员及非专业助手的费用,如操本族语的助手语言实验室的技工等;③教材及其他资源费用;④教学场地等的费

[①] 林荣日. 教育经济学 第2版 [M]. 上海:复旦大学出版社,2008.

用；⑤教学时间；⑥班级人数。

以上这些都是从经济角度去考虑英语课程的开设问题的，由此可见，教育经济学会为我国的英语课程开设提供不少启示。

（二）教育心理学

教育心理学注重研究教育主体的心理活动，包括学生的心理活动规律和这规律对课堂教学效果的影响，教学环节和教学效果的关系，受到的知识学习特点、思想发展规律、个性的影响，等等。

教育心理学是心理学的一个分支，它与外语学习中的基础知识教学、学习过程中的动机激发、学生口语能力的形成和提高等有着密切的联系。将教育心理学纳入英语教学的实施过程，是促进英语教学完善和发展的必经之路。英语教师掌握了学生学习英语的心理体验和学习规律可以在很大程度上提高教学效率。

（三）外语教育技术学

在信息技术高度发达的今天，外语教学引入信息技术已经成为大势所趋，逐渐成为新的教育方式。信息技术起源于国外，它与外语教育的共生性、本体性及封闭性，共同构建了两个学科相互整合的逻辑基础。

外语教育技术应用于外语教学实践，在教学过程中以信息技术为教育开展的手段，将教育学、心理学等作为积极的教学指导理论，为了实现教育目标和英语教学目标，对教学过程和教学资源进行创造性的管理，并着重提高外语教师的信息技术素质和学生的信息技术素质，最终实现外语学习效果的提高外语教育技术学研究的是外语教育技术，涉及外语教育技术的相关观念原理等构成部分，探索并且反映出外语教育技术中存在的规律性和逻辑性，具有很强的综合性和应用性。

外语教育技术学转变了外语教学的范式，集外语教育学科构成要素和技术学学科表现要素于一体，并构成了基本的学科框架体系。外语教育技术学是一门新兴的学科，采用的是交叉研究的方法，将包括教育学、信息技术学、语言学等在内的学科进行科学的融合和相互渗透，并且进一步整合了科学性和技术性，是对传统语言教育的变革和发展。

在外语教育技术学实施过程中，学生需要提前观看教师准备的教学资料或者在网上搜索到的相关教学视频，之后在课堂上就自己不懂的问题请教教师，加深自己对相关知识和概念的理解，然后通过合作学习等方式共同完成教师布置的作业和任务，教师要在课堂上为学生提供随时的帮助和引导。与传统的课堂教学方式相比，外语教育技术学模式无疑是一种创新型的教学模式。在这模式中，教学目标的策划、教学计划的制订和实施、相关教材的选择和编写、教学模式的选择、教学评价的实施等教学过程中所涉及的所有环节都可以利用信息技术，利用相关的科学工具。

目前英语教学的重点在于将高科技与传统的教学模式相整合以提高教学质量。所以，将计算机引入英语课堂教学，将网络信息技术应用到课堂教学实践中，是当前英语教学改革的重点之一。这样的模式将实现教育精品资源的共享，实现课程建设的革新，是推动英语教学的积极尝试。

第二节　英语教学方法流派

一、教学方法及英语教学法概述

（一）教学方法概述

1. 教学方法的内涵

由于不同的时代、社会背景和文化氛围的影响，以及研究者对问题研究的角度不同，导致不同的中外教学理论研究者对"教学方法"这一概念的解释存在差异。国内外学者对教学方法的定义有所不同，归纳起来大致有三个角度。

第一，从广义或宏观的角度，把教学方法看作教学活动方式的总和。在教学过程中，教师和学生会一起采用特定的方法、步骤、手段和技术，以达成教学目的，这就是教学方法。

第二，从行为动作的角度，把教学方法看作教师和学生的行为方式或工作方式。任何教学方法都是教师的一整套有目的的动作，教师通过这些动作组织学生进行认识活动和实践活动，使学生掌握教学内容，从而达到教学目的。

第三，从媒体或材料应用的角度，将教学方法视为使用媒介进行教学的方法。如教学方法是教师为达到教学目的而组织和使用教学技术、教材、教具和教学辅助材料，以促进学生按照要求进行学习的方法。

2. 教学方法的特征

教学方法是指在教学过程中，为了达到教学目标和任务，教师与学生所采用的各种行为方式的综合体。

教学方法的内在本质特点：①教学方法反映了特定的教育和教学理念，旨在实现特定的教学目标；②教学方法必须根据具体的教学内容来选择；③具体的教学组织形式对教学方法产生着影响和限制。

在教学实践活动中，每一种课型、每一类问题，都有其自身的特点。教师在教学实践中，都不同程度地积累了自己富有实效的应对方法。这些方法也许是学来的，也许是自己创造的，但都有一个共同的优势，那就是适合自己。选择什么样的教学方法要看它是否适合眼前的学生、是否符合新的教材和大纲要求，新的年级、其他班级的学生、别的教师等能否应用，不能用又将如何修改、调整，这些也必须考虑进去。

为了不断适应新的社会环境和新的教育观念，为了使各学科知识体系不断更新、教学条件不断改善，教学方法也必须有新的发展。在教学实践中，在充分吸取原有教学经验的基础上，我国教学方法改革在教学实践中取得了突出成果。这些新方法有一个共同的特点，就是充分调动学生的学习积极性，激发学生的学习兴趣和求知欲，强调教学应该教学生如何学，促进学生个性的发展。

3. 教学方法的理解

（1）从方法论角度理解

教学方法是用来实现教学目标的具体方式，属于教学方法论的一个方面。教学方法论包括指导思想、基本方法、具体方法和教学方式四个方面，它们将整个教学过程贯穿起来。教学方法是指教师在课堂上所采用的教授方式，同时也包括学生在学习过程中所运用的学习技巧和方式，两者相辅相成，共同构成了教学的核心。如果教授法不考虑到学习法，那么就难以有效地达成预期目标，因为缺少针对性和实用性。教师在教学过程中发挥主要作用，因此他们更能够控制教授法和学习法，故教授法和学习法在教学中占据了主导地位。

（2）从与教学方法密切相关的概念理解

教学方式和教学手段是构成教学方法的要素，不能将它们等同于教学方法也不可将教学模式与教学方法混为一谈，一种教学模式是由多种教学方法组成的。教学方法必须依据一定的教学理论，指向一定的目标，应用具体可操作的程序或一系列可操作的环节，解决一定的问题。

教学方法与教学方式：虽然教学方法与教学方式不同，但它们之间是密不可分的，因为它们紧密关联。教学方式作为教学方法的组成部分，是运用不同技巧和方法实现教学的具体细节。在教学方法方面，无论哪种方法都包含了多种不同的教学方式，这些方式合在一起构成了整个教学方法。教学方式和教学方法是有区别的。教学方法是针对特定目标的一系列有目的的活动，可以独立完成教学任务；而教学方式只是在教学方法的基础上运用，为实现教学方法所设立的教学目标服务，无法单独完成一个教学任务。

教学方法与教学模式：教学模式是根据特定的教学思想，被制定用于完成教学任务的稳定的教学方法程序和策略体系，包含多种固定程序的教学方法。不同的教学模式都植根于各自独特的指导理念，有其独特的作用。它们在教学方法的运用和教学实践的发展方面具有重要的影响。当代教学领域最典型的教学模式包括知识传授和接受模式及问题探索模式。

（3）从教学方法间的共性理解

虽然教学方法的定义有所不同，但它们都具有共性，教学方法必须符合教学目标和任务的要求。教学方法是教师和学生共同运用的方式，以完成教学任务为目的。

（二）英语教学法概述

1. 英语教学法的内涵

英语教学法是一门独立的学科，它有自己的研究对象和内容，有自己的研究目的和方法，有自己的理论和区别于其他学科的特点。英语教学法的研究对象是英语教学，具体来说，就是人们是怎样学习英语的，人们又应该如何去教英语。英语教学法研究的是英语教与学的问题，因此，它涉及以下内容：语言是什么，学习英语是一个怎样的过程，学习英语有什么样的规律，教授英语应遵循什么样的原则，教学过程是怎样的、有什么特点，教授英语可使用什么样的方法和技巧，英语教学与语言环境有何关系，教与学存在着什么样的关系，等等。

英语教学法研究英语的教与学，目的在于探讨英语教学的内部规律，从而为更好、更快、更有效地教授和学习英语提出有关的理论和方法。

英语教学法是个实验性很强的学科，它的研究遵循着科学的实证研究的方法。研究可以通过实验进行。人们可以通过观察、归纳或总结有关语言教学的现象，提出假设，然后通过控制有关变量对假设进行检验，最后得出实验结论。研究还可以通过自然观察和有目的的调查来进行，对于语言错误、某种教学策略或学习策略，可以通过观察和调查，把它们记录下来，进行分析、归纳和总结，最后得出研究的结论。

作为一门独立的学科，英语教学法不但有自己的理论，还有区别于其他学科的特点，同时还与其他学科有着密切的联系。在不同的历史时期发展起来的教学法，如语法翻译法、直接法、听说法、口语法和情景法等均可视为英语教学法的理论。与此同时，英语教学法也应用语言学、心理学、社会学和教育学等学科的理论，以及与这些学科有关的其他学科的理论，如心理语言学、社会语言学等的理论来研究教与学的内容、教与学的过程、教与学的规律，以及教与学的技巧和方法等问题。然而，尽管英语教学法与一些学科有着密切的联系，但是应用相关学科理论于英语教学的实践时，还需要借助语言学家或是外语教师的中介作用或努力。

2. 英语传统教学方法

外语教学法是外语教学过程中的一个重要成分，是为完成教学任务，实现教师怎样教、学生怎样学所采用的方式、手段和途径。外语教学法是一定历史背景和社会环境的产物，是由不同教学阶段及教学要求决定的。不同的外语教学法产生于改革外语教育的实践，受制于外语教育的目的，不同的外语教学法并非相互对立，而是长期相互依存的。各类教学法相互借鉴，理论内容互相融合。在语言教学领域，曾经出现过几种不同的教学方法，语法翻译法、自觉对比法、认知法、直接法、听说法、情境法、视听法和交际法等，这些方法反映了不同的教学观念。英语教学法处于批判、继承、发展、创新的过程中。正是这种历史继承性才使综合与折中的趋势有了存在发展的可能。另一方面，学校中的英语改革是与时俱进的，是时代发展的要求。因此，可以说英语教学改革不是照搬照抄外国的理论，而是以英语教学方法运用的现状与时代要求为立足点，选择一种既符合英语教育教学现实又符合时代需要的英语教学方法。早期的传统教学法更注重学生掌握语言结构和规则，而后期的教学法如交际法更注重学生掌握语言的意义和功能。这也是由于受到不同的语言学和心理学基础的影响。要选择最适合的教学方法，以促进学生的英语学习。目前我国英语教学中存在几种具有代表性的方法，即语法翻译法、情境教学法、交际教学方法、任务型教学法、直接教学法。

3. 现代英语教学方法的综合运用

英语教学在方法上越来越趋于多样化、折中化、本土化、学生中心化和学习自主化，这些变化促进了我国的英语教学改革。英语教学是一门实践性极强的课程，它不仅需要一定的知识传授，还需要活泼、较为真实的课堂教学氛围，以及作为语言学习主体的学生的积极参与和大量的交际实践。单纯讲解英语知识点已经不再是开展教学工作的唯一方式，新的教学法在英语教学中发挥着越来越重要的作用。教师的"教"和学生的"学"是教学的两个重要环节，需要教师和学生共同参与。那么如何在师生共建的课堂互动模式中，有意识地创造各种语言环境，积极调动学生学习英语的积极性，让学生正确地使用英语知识去表达、交流思想和传递信息，是外语教学法要解决的首要问题。但是英语教学法的运用是不固定的、排他的，这就要求教师在教学过程中灵活地选择有效的英语教学法。在以计算机、多媒体和网络为辅助手段的基础上，将不同的教学法穿插使用，可以有效地调动学生学习英语的主观能动性，有助于教师及时对教学过程进行调控，同时可以加强学生与教师之间的有效沟通，帮助学生更好地提高自身的语言能力。教师对教学法进行选择时应注意兼顾几个原则，即知识的体系性、任务的多样性、情境的真实化。

每种英语教学法都有其产生和存在的条件，在实际教学中教师应该仔细研究各种教学法的特点，熟悉并掌握其中的技巧，不能盲目地推崇某一种教学方法而否定另一种教学方法，应根据教学活动的具体情况综合使用各种教学法。事实证明，没有一种单纯的教学方法是万能的，过多地依赖或推崇某一种教学法，往往会造成在具体的教学实践上产生某种偏差，这不利于外语教学的进一步发展。英语教学大纲要求教师不仅要向学生传授语言知识，训练语言技能，还要培养学生运用英语进行交际的综合能力。这一要求是立体的、多层次的，而且当前的学生获取知识的渠道是多样化的、自学能力强的，因此在教学中仅仅使用一种教学方式显然是不够的。所以，教师在教学中必须秉承客观、实事求是的态度，结合教学特点、学生的实际情况，以及现有的教学资源，选择合理的教学法，从而有效地开展英语教学。

二、常见的英语教学法

（一）情境教学法

1. 关于情境学习

情境学习是建构认知理论中的一种知识习得理论。情境学习理论认为，学习不能简单地理解为把抽象的知识从教师传递给学生，也不仅仅是一个基于个体的意义建构过程，学习是一个社会性、互动性、协作性的过程，是处于某一特定情境下的学习。

美国加利福尼亚大学伯克利分校的教授让·莱夫（Jean Lave）和爱丁纳·温格（Etienne Wenger）在1991年出版的《情境学习：合法的边缘性参与》中对情境学习理论进行了详细阐述。莱夫认为，真实的学习环境是决定学习进程的关键，知识的建构过程受到学生和学习情境、学生与学生之间互动的影响。

情境学习理论把知识分为四类，即以具体事实为基础的知识、以原理规律为基础的知识、以认知能力为基础的知识、以特定社会关系为基础的知识。前两类知识可以通过阅读文献资料等方式获得，称为显性知识（Explicit Knowledge），后两类知识可以通过社会性实践等方式获得，称为默会知识（Tacit Knowledge）。

后来提出的问题导向学习（Problem-based Learning）模式、任务导向学习（Task-based Learning）模式也都是基于情境学习理论的具体教学方法，这两种教学方法的基本思路都是要求学生通过人与环境的互动方式来达到主动建构知识的目的。

2. 情境教学法的原则

（1）轻松体验性原则

为了使教学过程顺利开展，在情境教学法中，教师应该选择恰当的教学方法，为了让学生获得更好的学习体验，在轻松愉快的氛围中，教师可以引导学生提出各种问题，并与他们一起思考并探讨答案的正确性。在这个过程中，教师也要充分发挥自己的想象力。这一原则强调，培养学生思维过程的同时，注重他们获得的成果。重点在于让学生享受思考和发现问题的过程，而不是强制或加重负担。

（2）学生自主性原则

学生自主性原则的核心观点可以通过两个不同的角度来解释。第一，要建立良好的师生关系，以确保情境教学法的有效实施。情境教学完全可以理解为一种师生在特定情境下进行的交往。师生之间只有相互信任、相互尊重，才能共同顺利地完成教学任务。因此，教师必须充分了解学生，学生也必须充分了解教师，彼此之间要形成一种默契。第二，在师生之间相互信任、相互尊重的前提下，要确定学生在教学过程中的主体地位。作为教师要鼓励学生进行独立思考并勇于自我评价，从而培养学生的创新精神和主动精神。由此，在情境教学中，要求教师从学生实际出发，让学生在完成学习任务的同时获得社会实践的体验。

（3）意识与无意识统一、智力与非智力统一原则

意识与无意识统一、智力与非智力统一的原则是实现情境教学法的两个基本条件。人在学习或工作的过程中，既要集中思维，培养刻苦和钻研精神，又要充分激发兴趣、愿望、动机等无意识的潜能，因为它们对智力活动具有重要的促进作用。具体到教学过程中，教师不要一味地告诉他们要努力、要刻苦，而是要想方设法地去激发学生各方面的潜能。

简而言之，这一原则其实就是告诉我们要保持一种精神的集中与轻松的状态。学生在学习中松弛有度、有张有弛，自然会取得更好的学习效果，而这也正是情境教学法所追求的效果。

3. 情境教学的理论继承

（1）基于皮亚杰认知发展论

外语学习的过程可以理解为学习者针对目的语言的特点进行建构假设、验证假设、修正假设的过程。这里所说的验证假设和修正假设也就是皮亚杰的发生认识论中提出的同化和顺应的概念，通过对学习者认知结构的不断再平衡，不断完善、丰富关于目的语言的认识，使学习者关于目的语言的认知图式更加复杂化和系统化，使学习者的语言能力不断向更高层次发展。情境教学的出发点是促进学习者以积极主动的姿态参与到学习过程中，把教学情境的创设作为主要内容，最主要的目的就是为学习者提供感知、体验、运用目的语言的场景和条件。学习者在情境中运用目的语言进行交流互动和意义协商，从中领悟语言规则，促进认知结构的同化和顺应，不断提高学习者的语言能力。

（2）基于布鲁纳认知发现学习

布鲁纳认知发现学习强调认知能力的形成和发展，这与情境教学的理念是非常相似的。

首先，情境教学认为有效的语言习得主要源于学习者的亲身感受而不是源于教师的讲授，创设教学情境就是为了使学习者更真实地体验学习的过程。

其次，情境教学不提倡教师在课堂教学中直接讲解语法规则，而是要求提供一系列需要完成的任务，需要借助语言的形式解决完成任务过程中遇到的一系列问题，完成任务的过程也就是学习者在语言使用中探究、发现、归纳、理解、内化语言规则的过程。

再次，具有一定程度的挑战性是设计任务的基本要求，学习者在完成任务的过程中展现自身的能力、感受成功的快乐，有利于激发学习者强烈的内在学习动机，提高学习者的兴趣和注意力。

最后，情境教学就是通过创设语言运用的场景和环境，并借助于设定任务这种引导方式，使学习者在具体的语言实践中掌握交际能力，避免机械记忆和死记硬背。

（3）基于奥苏贝尔意义学习理论

在奥苏贝尔看来，机械学习方式获得的是零散的、孤立的、静止的知识信息片段，这样的学习方式对提高学习者的学习能力意义不大。真正有意义的学习是在外界输入的新的知识信息与学习者原有认知结构之间建立联系，并内化为原有认知结构的组成部分，进而形成新的认知结构。如何促进有意义的学习的形成同样也是情境教学所要解决的问题，情境教学通过创设情境激发学习者的学习动机和学习兴趣，并以完成任务为牵引，尽可能减少单纯的语法讲解和反复的机械操练等固化的学习形式，使新的知识、新的概念更容易与学习者已有的知识系统形成关联，更容易为学习者所接受，更快地实现知识的内化。

（4）基于建构主义学习理论

对于长期困扰传统语言教学的一些问题，如重视语言形式而忽视语言意义、重视语言输入而忽视语言产出等问题，情境教学提出了有效的解决方案。情境的核心就是意义的真实存在，强调语言教学要在特定的情境中围绕一系列有明确目的的具体任务来渐次展开，语言的内容、语言的表达、交流的信息、语言的运用都要有实际的意义，以从根本上避免从形式到形式的无意义活动。生态语言学理论、二语习得理论等诸多学科理论的研究成果表明，学习者的母语学习经验完全可以正向迁移到目的语言的学习中去，学习者在母语学习中获得了对于语言的性质、语言的功能、语言的意义、语言学习方法的认识。情境教学鼓励学习者积极运用在母语学习中获得的经验，在特定的情境中运用目的语言进行有意义的语言交际实践，建构起对目的语言的认知结构。

建构主义的社会互动理论通过设定一系列具体任务为学习者之间的沟通交流、意义协商、信息共享、思想表达等提供有效的载体和平台，教师和学习者是通过完成具体任务连接起来的，教师的主要责任是创设接近真实的教学情境，营造浓厚的学习氛围，倡导合作式学习，增强学习者的自信心，督促学习者在具体任务中完成意义的建构。这与情境教学理论具有很大程度的一致性。

4.情境教学法的应用

情境教学法的理论基础是建构主义，它通过在英语教学中实践和应用，进一步丰富和深化了我们对建构主义理论的认识。

（1）情境的设计

语言学习是与一定的社会文化背景即情境相联系的。利用现实情境所提供的场景，学习者会将自身原有认知结构中的有关经验和知识与当前学习到的新知识相连接，将新知识吸收并纳入自身已有的认知结构中。因此，在英语教学中教师应当设计能够引导学习者积极参与学习活动的真实情境。真实情境的设计主要与以下几个因素有关。

①学习任务的呈现。教师在向学习者呈现学习任务时，应当同时描述任务中的问题发生的社会文化背景。问题的呈现应当是有趣的或吸引人的，目的是引导学习者积极参与。此外，教师还应注意在问题呈现的过程中为学习者留出足够的操作空间，并允许他们自己作出决策。

②学习者的自主学习。建构主义指导下的情境教学法强调学习者要主动建构知识，因此自主学习设计是设计出促进学习者主动构建知识的学习环境中的重要一环。学习者是学习过程的主体，学习者的自主学习是对所学知识实现意义建构的内因，而恰当的情境是促进学习者主动构建知识的外部条件，即外因。外因通过内因起作用，学习者在适当的情境下通过主动探索、主动发现，并借助于自主学习活动，完成知识的建构过程。可见，自主学习设计是情境设计中必不可少的。

③教师的指导。学习者是学习过程的主体，教师则是整个教学过程的指导者、组织者和协调者。事实上，在学习过程中，学习者扮演着主体角色。他们通过自主学习来构建知识的意义。当然，教师在这个过程中的组织、启发和指导是至关重要的，学生离不开教师的这些帮助。因此，情境设计时必须重视教师的引导作用。如果忽略教师的帮助和指导，学习者的学习很可能会变成没有明确目标的盲目尝试。

④相关范例。只有学习者对某一问题有一定的经验时，他们才会真正理解并解决该问题，因此，为学习者提供相关的范例是很有必要的。相应的范例主要是指学习者可能会参考的相关经验，如要解决的问题的多种观点、视角、思路等。学习者参考相关范例不仅有助于解决当前的问题，而且可以补充自身认知结构中的空缺。

⑤信息资源。在进行情境设计时，必须确定学习者所需要信息的数量

和种类，以建构问题模型和提出解决问题的假设。可以提供的信息资源包括可供学习者选择的，并随时可得的与问题解决有关的各种信息和知识，如文本、图形、图片、声音、视频、动画，以及通过网络获取的各种有关资源。

⑥认知工具。认知工具通常有可视化的智能信息处理软件，如专家系统、知识库等。由于学习者受已经掌握的知识和感官输入信息能力的限制，因此对认知资源的获得也受到限制。而认知工具能够提供组织或呈现各种信息的机制，学习者可以借此进行信息与资源的获取、分析、编辑，并以此表达自己的想法。

⑦"支架"的提供。当学习者遇到较复杂的学习任务时，教师应为学习者提供一种概念框架，将复杂的学习任务加以分解，引导学习者深入理解所学知识。这种概念框架被形象地称为"支架"或"脚手架"，代指在以学习者为中心的情境中，教师所能提供给学习者的、帮助学习者提高现有语言能力和水平的支持方式。这种支撑作用可以激发学习者达到任务所要求的目标，同时将学习者的语言水平和智力水平提升到一个新高度。

（2）意义的构建

①教学目标的分析。在学习者的学习过程中，无论是学习者的独立探索，还是教师对学习者的指导，都要以对新知识的意义建构为中心。但是，每一阶段或每一课堂的学习内容总是由不同的若干知识点构成的，且每个知识点的重要性及其特点均不同，因此，要想完成意义建构，必须对所学的内容进行教学目标的分析，在此基础上才能确定当前所学知识的基本内容。

②教学结构的设计。教学结构设计问题主要是指对教学活动过程的控制与优化问题，简单来说就是对师生之间、学习者与学习者之间交互作用而形成的动态过程设计。具体来说，教师应在建构主义的学习理论和教学理论指导下，运用系统观点和动态观点审视和反思教学中的各个环节、各个环节的作用和相互关系，继而形成一个动态的、稳定的教学结构进程。

③自主学习策略的设计。情境的设计离不开自主学习设计，同样意义的建构也离不开自主学习策略的设计，它是完成意义建构的基础。自主学习策略设计的目的是帮助学习者学会学习，即帮助学习者能够根据学习目的和要求独立地选择有效的学习方式。在自主学习策略设计中，元认知策略设计非

常重要。元认知策略是学习者在学习过程中所采用的学习策略之一，包括学习过程中对所运用的方法的选择、学习时对学习的监控和学习后对学习的评估等。元认知策略包括计划、自我管理自我监控、自我评估、资源利用和需求分析等方面的内容。

④信息技术辅助作用的设计。随着信息技术在教育教学领域的应用，学习者的学习资源也越来越丰富。因此在意义建构过程中，不应忽视信息技术的辅助作用设计。在教学中应用信息技术，可以帮助学习者获得学习所需要的信息资源。在这个过程中，如果学习者对于获取相关信息的出处、手段、方法，以及如何有效利用这些资源等方面有困难，教师应及时提供帮助。

⑤协作式学活动的设计。协作式学习活动的设计其目的是为多个学习者提供对同一问题用多种不同观点进行观察、比较、归纳、综合的机会，帮助学习者掌握知识、运用知识和深化对问题的理解。开展协作式学习活动既有利于教师主导作用的发挥，又有利于培养学习者之间的合作精神。

5. 情境教学法的作用

（1）有利于培养学习者的感性认识

情境教学是学习者在与情境中的对象发生交互作用的过程中进行的，这里所说的对象既可以是实物对象，也可以是问题对象。学习者在与实物对象的交互过程中会获得真实的、具体的感性认识，丰富对教学内容的理解和认知。学习者在与问题对象的交互过程中主要是根据背景条件和知识结构并通过学习者自己的思考来获得问题的答案的，会激发学习者的直觉认知，有助于推动学习者形成和发展理性认知。

（2）有利于培养学习者的迁移能力

迁移是一种学习过程对另一种学习过程的影响，学习者只有懂得如何把知识恰当地应用于不同的情境中，迁移才会产生。教师在教学过程中要注意教给学习者在不同的情境中的应用规则、学习方法和基本知识，使学习者了解技能和策略如何从不同的方面促使他们更高效地学习。情境教学中的情境设定既可以是真实情境，也可以是描述性情境。真实情境是指真实的社会实际生活和原生态的自然地理环境，描述性情境是指学习活动是由教师专门创设的，具有较强的针对性。

（3）有利于培养学习者的个性

　　学习者的角色扮演是否丰富，对于学习者个性的培养有很大影响，学习者在教学情境中可以扮演多样化的角色。主要有两类角色：一是观察角色，学习者只是以旁观者的身份对情境中的对象进行外部观察，提高感性认识；二是参与角色，学习者通过参与具体活动以获得真实的体验，促进认知能力的提高。教师在情境教学中不但要向学习者提供角色扮演的机会，而且要让学习者轮流扮演这两类角色，这样才能不断完善学习者的个性。

（4）有利于提高学习者的合作能力

　　情境教学的一个重要特点就是需要学习者个体之间的密切协作和互相配合，这就给学习者提供了丰富的教学情境和沟通交流的机会。学习者在协作中共同完成知识意义的建构，每一个人都能获得对知识的独特理解，亲身体验到交流的巨大作用，认识到情境教学的重要性。

6. 情境教学效果的评价

　　情境教学法强调发挥学习者的主体作用，积极构建真实情境，利用各类自主学习活动与协作学习活动，促进学习者主动构建知识意义的能力的发展。因为情境教学法强调学习者的迁移能力，所以在评估学习者的学习过程和效果时，需要重点考虑他们的动态和发展。概括起来，情境教学中的评价需要重点考虑以下几个方面的因素。

（1）基于真实语境的评价

　　这主要是指评价的背景应当像教学背景一样真实而丰富。学习是学习者在一定的情境中利用已有的知识经验赋予当前学习到的新知识以某种意义的过程。因而，情境教学中的评价应在某种有意义的背景下，围绕真实的情境来评估和讨论学习结果。

（2）对学习者高层次学习目标的评价

　　情境教学法强调知识的建构过程，包括学习者对知识的发现、对学习过程和结果的监控与调节，以及对知识的综合运用等多种高水平的智力活动过程。相应地，评价也十分重视知识的建构过程，强调对学习者的知识发现能力、认知策略的运用和知识综合运用能力等高层次学习目标的评价。

（3）对学习者参与学习过程及效果的评价

在情境教学法的背景下，学习过程就是学习者主动建构知识意义的过程。因此，对学习者是否主动参与学习过程的评价就显得很重要。这一评价要以学习者的学习课堂为中心，其中，对学习者的课堂表现可以从以下几个方面来考察：听课时是否注意力集中、是否积极参与课堂活动、是否认真听教师及其他学习者讲话等。而从评价的目标和内容看，课堂评价活动包括对学习者所掌握知识与技能的评价，对学习态度、兴趣与自我意识的评价、对学习策略的评价等。

（4）评价主体与评价方式的多元化

由于学习者都是基于自身的知识经验来构建对事物的理解的，不同的学习者对同一知识点的理解也不尽相同。因此对学习者学习过程和学习结果的评价也应采取多种方式。就评价主体而言，评价人员既可以是教师，也可以是专家，还可以是学习者自身。就评价方式而言，可将传统的标准参照评价法与现代的学习文件夹评价法相结合。标准参照评价法是指根据课堂教学目标制定评价标准，对比学习者的学习结果，并从中找出优势与不足。而学习文件夹评价法是指借助由教师和学习者收集的、反映学习者学习过程和学习进步的各类学习成果进行评价，它主要用于学习者对学习的回顾、自我评价及其他形式的外部评价。

（5）评价信息的及时反馈

情境教学法既重视对学习过程的评价，也重视及时反馈评价结果，因为这能帮助学习者认识到评价的积极影响。具体来说，在对学习者进行评价的每个阶段，教师要先对获取的信息加以分析、整理和阐释，然后针对学习者的个性特点，以适当的形式及时将全部或部分信息反馈给学习者。借助这些反馈信息，学习者可以及时了解自己的不足，并在教师的帮助下不断修正自己的学习策略。

（二）任务型教学法

1. 任务型教学法的含义

布朗的理论认为，任务型学习是将学习的重点放在任务上，认为学习过程应该是一系列与课程目标直接相关并且为课程目标服务的任务，旨在实现比仅仅为了练习语言而进行语言学习更高层次的目标。①任务型教学法的主要特征是将"任务"作为核心单位来规划和组织教学。它采用任务大纲，以任务为基本单元来组织教学单元，以完成任务为教学目标。一般来说，任务型教学法将一个任务作为一个自主的学习单元，所有的教学活动都以完成这个任务为核心进行，以此来服务于任务的顺利完成。值得注意的是，任务型教学法把任务作为教学的核心，强调活动必须具有明确定义的目的。这项任务有三个明显的特点：语言的内容含义比语言的形式结构更为重要，因此在课堂上的语言活动更类似于自然语言习得的情况；完成任务或取得的成果可以让学生进行自我评估，并产生成就感。任务的顺利完成和优秀结果的产生都依赖于表达技能，也就是说、写技艺。简言之，任务型教学法或任务型学习所涉及的任务不是单纯的、独立的、或可以随意排列组合的教学或学习活动，而是整个体系（或课程）中不可或缺的一个有机组成部分。

2. 任务型教学法的理论基础

（1）言语行为理论

牛津大学语言哲学家奥斯丁在《如何以言行事》一书中提出了言语行为理论。他认为基于传统语法结构的单词、语句、短语等语言表达形式并不能与其承载的语言功能形成一一对应的关系。语法结构完全相同的语句在表达的意义上可能引发不同的理解，形成截然不同的语言功能，而语法结构完全不同的语句却可能表示相同的意义，形成完全一致的语言功能。换句话说，一个语句可以表达多种功能，而一种功能也可以用不同的语句来表达。

言语行为理论对于语言教学的启示是应当重视语言功能的学习，认为语言学习的主要目的是把目的语作为交际的工具，强调在语言运用过程中实现语言知识的自主学习和语言能力的逐步提高。而任务型教学法基于某种交际需要、通过具体任务的设定来培养学习者语言运用能力的思想，与言语行为理论的主要观点极为契合。

---

①李红梅，张鸢，马秋凤. 高校英语词汇教学与习得研究［M］. 武汉：武汉大学出版社，2016.

（2）认知方法理论

彼得·斯基汉（Peter Skehan）在《语言学习认知法》一书中系统阐述了关于二语习得研究的认知法。斯基汉认为学习者在学习语言时建构了两种知识系统：一是语言知识系统，包括词汇、词组、短语、语块等固定搭配的表达形式，这些语言知识易于学习者快速记忆和习得，更注重语言的形式，适合需要学习者进行流畅的语言表达的场合；二是语言规则系统，需要学习者对语言表达形式的抽象概括、对语言输入输出的深入分析、对交际策略的理解掌握，是以意义交流为核心的，需要学习者具备更强的认知能力，适合需要进行精确语言表达的情境。

斯基汉的认知法把学习者语言产出的情况作为重点研究内容，认为语言产出的特点可以归纳为三个方面：一是学习者能否运用所学的第二语言自如地进行交际，即语言的流利性；二是学习者在交际过程中能否恰当地进行表达，即语言的精确性；三是学习者对复杂的中介语结构能否熟练掌握和运用，即语言的复杂性。他认为完成不同的任务会形成不同特点的语言产出，对语言的流利性、精确性和复杂性有不同的要求，语言表达的流利性主要与学习者对语言知识的掌握相关，而语言的精确性、复杂性则更多地与学习者对语言规则系统的理解相关。

在实际交际中，由于学习者语言能力的局限，语言表达的流利性、精确性和复杂性往往是不相容的，精确性、复杂性的高标准往往意味着语言输出流利性的丧失，而追求语言输出的流利性往往意味着对语言输出精确性、复杂性的放弃。

在教学中可以设计一些具有不同特点的任务，每一项任务都侧重于培养学习者语言产出的一个方面的能力，这些任务按一定计划、一定步骤科学地组合起来，从而促进语言表达的流利性、精确性和复杂性的协调发展。

（3）第二语言习得理论

第二语言习得理论有很多，其中最为学界所认可的便是交互修正假设，交互修正假设认为学习者通过对语言输入进行意义协商的方式来促进语言习得能力的提高。学习者在交际对话过程中能够意识到自己的语言知识与交际对象和交际目标之间的差距，根据交际对象的反馈信息进一步分析语言输入的意义和结构，进一步完善自己的语言知识结构，通过调整自己的话语方式使交际对象获得可理解性语言输入，通过学习者之间的这种交互修正提高学习者的语言习得能力。

而任务的创设为学习者的意义协商搭建了有效的平台。

而斯温则提出了输出假说，斯温认为要确保语言习得的效果，仅有大量的可理解性语言输入远远不够，还需要经过反复地、频繁地语言输出训练，提高学习者的语言产出能力。1995年，斯温等人提出了修正后的可理解性输出概念，认为可理解性输出有利于学习者及时发现自己在使用语言过程中的错误。通过对自己的语言表达进行有意识的反思，在理解语义的基础上对句法进行深入分析，提高其使用语言的准确和流利程度，有效提高学习者的认知能力，进而产生修正后的输出。在教学中应当根据交际的需要尽可能多地设计形式多样的语言输出活动，创设一个真实的语言环境，以促进学习者语言产出能力的培养。

3. 任务型教学法的原则

（1）真实性原则

真实性原则是大卫·努南（David Newan）提出的任务教学法的教学原则之一，他所说的真实是指实际生活中人们在交流时使用语言的情况。真实性原则主要涉及两个方面。其一是学习任务的设计要为学习者提供明确、真实的语言信息，使学习者能在种自然、真实或模拟真实的情境中体会语言、掌握语言。其二是教师所用语言的材料应尽可能真实，并与学习者的实际生活与社区生活结合起来。

教师在设计教学任务时，所使用的语言应尽可能满足真实的交际需求。教师根据需求创造适当的情境以"控制"活动，而学习者可以根据交际的需求选择他们所要表达的内容和语言。也就是说，学习者不应仅仅集中在个别的语法结构上，而是需要用他们所掌握的语法知识来表达各种根据实际情况出现的意思。

任务型教学法之所以要坚持真实性原则，并且与文化密切相关，是因为语言是文化的一部分。学习一门语言可以让我们了解另一种文化。这也是为什么我们在英语教学中非常注重文化意识的培养。通过使用真实的文本材料，学生可以直接接触到目标语言的文化背景，从而获得更为真实的语言体验。这种方式能够帮助学生用更加接近使用母语者的方式来表达自己，并更好地参与有意义的交流，而不仅仅是简单地展示语法或词汇知识。

（2）扶助性原则

在实施任务型教学法的过程中，扶助性原则体现在两个方面，一是教师对于学习者的扶助，一是学习者之间的扶助。

①教师以合作者的身份对于学习者进行帮助与扶持。这种帮助与扶持又涉及认知需求与情感状态两个方面。从认知的角度来看，教师应当调动学习者已有的背景知识和语言资源，协助学生顺利完成学习使命。基于情感的视角，任务型教学法推崇通过小组活动和合作学习来实现教学目标。合作学习可以维持学习者足够的兴趣，并在解决问题时缓解学习者的疲劳感。

②对于学习者而言，他们相互之间可以进行支持、协助与合作。这里重点考虑学生个人经验对学习的推动作用。学生并非简单地运用知识，而是在他们现有的知识框架和经验背景基础上，通过新老知识之间的相互作用来理解知识的意义。因而，学生在完成具体任务的环境中，通过使用目标语言达成任务的过程中，加深了对目标语言系统的认识和理解。促使学生在学习过程中进行内容和效果的自我评估和调整。同时，学习者之间不同的知识结构与经验背景可以在互动中交流与共享，从而促进共同学习。

（3）反思性原则

任务教学的设计应包括为学习者提供反思的机会，通过培养学生的反思能力，可以促使其关注学习目标，又注重学习过程。同时，这也是培养学习者自主学习能力的一个重要途径。

4. 任务型教学法的主要特点

（1）任务设计要注重个性差异

设计任务时要根据学习者的个性特点区分任务的复杂和难易程度。任务难度过小、过于简单，容易使学习者丧失学习热情和兴趣，任务难度过大、过于复杂，则容易使学习者产生畏难情绪，挫伤自信心。教师要充分挖掘每个学习者的潜能，激发学习者的求知欲望，培养学习者独立思考的能力，使每个学习者在完成任务的过程中都能有积极参与的机会和空间。为此我们可以根据不同的教学目标设计不同形式的任务，提供具有不同难度和深度的教学资源，使每个学习者都有切合自己能力水平的任务要完成，使学习者产生更持久的学习热情并且引导学习者不仅关注语言表达的形式，更重要的是关注语言的意义和功能。设计任务时还要做到由浅入深、由易到难，形成任务难度的循序渐进，采取的任务类型也要做到形式多样，各有侧重，交叉运用。在任务设计中还可以根据教学主题的需要，充分考虑学习者的原有水平和实际情况，设计由多个具体任务构成的特定的任务链。适度运用脚手架原理，给予学习者必要的支持和指导，使学习者享受到完成任务所带来的心理愉悦。

（2）任务实施要注意互动合作

任务的实施主要以小组活动为主，小组形式多种多样，教师可以针对教学需要经常变换小组活动的方式来完成不同类型的任务，通过小组活动可以增加学习者的交际实践机会。任务实施过程中要注意引导学习者树立团队意识，注重与他人的交流合作。每一个参与者对小组及自己在小组内的角色都应当具有责任感，与小组成员交流、沟通、共享信息。学习者从接受任务、准备任务、执行任务、报告任务到分析任务的各个环节，需要充分发挥主观能动性，通过小组成员的团结协作共同完成任务。

同时，教师要为任务的实施创设真实的教学情境。情境设计要以学习者的生活经验和兴趣爱好为出发点，这容易使学习者产生亲切感，能激发学习者的好奇心、求知欲，增加学习者使用目的语言的机会，提高语言的实际运用能力。要与现实的社会生活紧密联系，使学习者在一种自然、真实的情境中体会和学习语言，这有利于发挥学习者的主观能动性，有利于调动学习者学习的积极性，有利于培养学习者的思考、决策和应变能力，同时激发学生的想象力和培养其创新思维能力，进而推动学生全面发展。

（3）充分发挥学习者的主体作用

对于语言学习来说，有效的语言输入是最重要的前提和基础。为此，教师不仅需要为学生提供丰富的、有新意的语言输入素材，还要考虑输入语言材料的真实性、针对性、知识性和多样性而学习者则是通过体验感知、交流讨论和合作探究等学习方式积极主动地开展自主学习，培养听、说、读、写等各项语言技能的。

尽管在课前教师拟定了详细的教学计划，但在课堂教学中会产生许多不确定的因素，当学习者不知道如何实施任务时，需要教师随时进行指导监督，推动任务的顺利进行。同时学习者要学会自主管理学习过程、自主控制学习进度、自主选择学习策略、自主检验学习效果，提高自主学习能力。

任务型教学法倡导参与式教学方式，教学过程、教学方法是开放式的、持续的、动态的，每个学习者会根据自己的学习体验形成不同的结论，而教师给出的结论也不是唯一的，往往有多种解决问题的方案，教师往往需要和学习者共同学习。同时，任务的完成需要学习者充分表达自己的看法和观点，就自己感兴趣的问题进行深入讨论，也需要学习者认识到在语言表达的过程中出现各种语法错误和不恰当的表达方式是难以避免的。

（4）进行任务评价

任务型教学法把学习者的任务完成情况作为评价的目标，教师可以在课堂教学过程中随时监测学习者每一项任务完成的进度和结果，以此来评估学习者对教学内容的掌握程度和学习效果。也可以在课堂教学过程中由其他学习者就完成任务的情况进行同伴评价，这种评价可以是与课堂教学同步的即时评价。

5. 任务型教学法的应用

（1）任务的准备

任务的准备阶段，通俗来讲，就是在学习新知识前所做的准备。它主要包括两方面的内容：一是作为任务参与主体的学习者所需获取、处理或表达的信息内容；二是作为任务参与主体的学习者获取、处理或表达这些内容所需的语言知识、技能或能力。

在任务准备阶段，还要特别注意两个问题，即语言输入的真实性和任务的难度。语言输入的真实性是指在任务教学中所采用的语言教学材料的真实程度，而任务的难度则主要由三个方面的因素决定，一是输入因素，二是任务因素，三是学习者自身的因素。

（2）任务的介绍

任务的介绍也称任务的呈现，是在学习新语言之前，教师向学生展示要求学生运用所学新语言完成的任务。这样做既可以引导学生进入任务情境，也可以帮助学生更好地理解任务要求。

在此阶段可以采用的具体教学活动包括图示构建活动、控制练习、听力练习、强化语言点活动，在此基础上再慢慢过渡到相对自由的练习活动中，也就是说鼓励学生即兴表演，发挥创造力，最终目的是为任务的顺利开展奠定良好基础。

（3）任务的开展

保证任务的科学性和执行力。这个任务执行的过程，实际上就是学生语言技能习得的主要阶段。在这个阶段，任务的选择至关重要。任务过于艰难或过于简单，都会对学生的学习产生不利影响。因此，教师需要恰当地挑选任务难度。

活动中处理差异的做法一般有3种。

①调整课程。根据学生的实际学习情况，为了更好地使教学内容和进度适合自己所教的学生，教师可以适度调整教学计划。

②制定尊重差异的教学方案。教师可以根据学生的情况分发不同的材料，执行共同的任务；也可以给所有学生同样内容的材料，但是提出不同的要求、给予不同程度的帮助。教师要确保每一个学生都能参与进来，体验完成任务后的满足感，调动学生的积极性。

③发挥教师在课堂上的调节作用。教师要了解不同学生在不同时期的需要，要为不同学生有针对性地选择具有挑战性的材料。教师对问题的设计、提问的方式和技巧都要有所区别，以适应不同思维方式、不同性格、不同背景的学生。

学生完成任务可以采取的形式有多种，如结对子或小组自由组合的形式，也可以由教师设计许多任务构成任务链。通常，采用小组活动的方式来进行活动是比较普遍的做法。在小组活动中，应该明确每个人的个人任务和小组任务，还要适时地转换学生和教师的角色。明确而适当地指导对小组活动是必要的，这是教师应该完成的任务。此外为了鼓励学生，教师也可以不做旁观者，而是参与学生的小组活动，成为小组中的一员。这样做的好处是教师可以及时地对学生完成任务的情况进行监督、指导，了解学生掌握新知识的程度，并根据具体的情况，随时对教学策略进行调整，以保证任务完成的质量。

(4) 任务的评价

任务的评价包括教学过程的各个阶段，不仅包含任务准备阶段，也包括任务展开阶段，特别是在任务完成过程中，语言使用的得体性、正确性、流利性和复杂程度。

比如，在学生完成任务后，教师可以指定代表或者由小组成员推选出代表向全班报告任务完成情况。当学生汇报任务时，教师并不是让其自由进行，而是在汇报的过程中给予他们一定的指导和适当的帮助，力求学生汇报得准确、自然。

在各个小组任务汇报完毕后，教师应当与全班一起对任务作出评价，指出各组的优点和不足，并评出最佳小组，让学生在完成任务之后品尝到成功的喜悦，同时对自己的不足也有所认识。在评价过程中，教师不仅要对评价的结果进行评价，还要引导学生如何正确、理智地评价自己和他人，帮助学生形成良好的评价思维方式。对于完成情况好的小组，教师要及时给予鼓励。

6. 任务型教学法的启示与不足

课堂教学的具体内容和环境设置应当与目的语言的社会文化情境、学生的日常学习生活内容和交际活动的实际需要结合起来。由于学生在日常生活和人际交往中使用目的语的场合和机会很少，教师在任务实施过程中尤其应当注重创设模拟真实社会生活的教学情境，为他们提供学习和交流的环境和条件，鼓励学生的交流互动和合作学习。

采取任务型教学法能够使英语教学从注重语言结构功能的学习转变为注重实际语言应用的实践，有利于提高学生的语言运用能力。但是课堂教学如果只是以完成设定的任务为主要目的，缺少系统规范和大量有效的语言输入，它并不能从根本上提高学生的语言能力。

任务型教学法充分注重学生自主性，是一种体现了学生主体地位的教学理念。教学过程不只是围绕教师这个中心来展开，教师不只是语言知识的讲授者，开始更多地承担教学过程的组织和指导角色，而学生则越来越成为教学过程的中心，开始由语言知识的被动接受者转变为教学过程的参与者和实践者，成为语言知识的主动建构者。教师的这种角色的转变有利于促进教师自身素质和能力的不断提高。由于任务一般都是由教师设定的，如果任务的难度过高影响了学生水平的正常发挥，或者任务的内容枯燥乏味，无法引起学生的强烈兴趣，那么预期的教学效果会受到很大影响。在教学活动中，教师应充分了解学生的最近发展区，关注每一个学生的情感需要，从学生的角度来设计任务，与学生共同反思学习效果，同时在课堂教学中注重发挥学生的主体作用，为学生提供充分表现自我的空间。

第三章 文化对英语教学的影响

人类不仅利用语言来交流,更重要的是,语言承载着文化。一国之语言,必定会呈现该国及其民族的文化特色和思维模式。它们之间存在着紧密的联系,若缺乏对目的语言文化的掌握,就无法真正地读懂和运用目的语。本章主要介绍文化对英语教学的影响,从我国的英语教学现状、中西文化差异对外语教学的影响、多元文化对英语教学的启示三个方面进行阐述。

第一节 我国的英语教学现状

一、我国英语教学现状

我国正在与世界各国的联系日益紧密,政治、经济、军事和文化等各个领域之间的交流也日益加深。英语人才的需求量在国家和社会中不断增长,而且对于英语人才的素质也提出了更高的标准。进入21世纪以来,随着我国加入WTO、北京奥运会的成功、上海世博会的顺利开展等,我国正在更加紧密地与世界各国联系,政治、经济、军事和文化等各个领域之间的交流也日益加深。然而,当前我们国家的英语教育局面还不能够满足社会发展的要求。对英语人才开展素质教育、全面提升其质量的呼声越来越大。对此,有必要认真分析我国当前英语教学的现状。

(一)教学模式单调

当下,大部分学生在中学英语学习中主要接受的是教师为主导的教学方式,在被动地接受教师的讲解的状态下学习英语。尽管大学中英语教师的授课水平相对更高,然而教学上仍然固守原有模式,这就会导致学生对于英语学习失去兴趣。

相对于其他学科，英语这门学科更加枯燥。如果教学模式不能得到改进和创新，学生的英语学习积极性也将难以提高，因而英语水平也很难得到提高。一成不变的英语教学方式是当前学校英语教育的常见问题。

（二）应试倾向明显

在初高中阶段，特别是初中三年级和高中三年级，外语课堂基本不会讲解新的知识，而主要是对之前学过的知识进行复习。复习多采用做模拟试题的方式，一堂课基本上就是师生对题，教师讲解。在大学阶段，学生们通常为了通过英语四、六级考试而将更多的时间放在备考上，一切与其无关的均无心学习和研究，一旦通过考试，他们就认为自己的英语学习已经"大功告成"，从此扔下全部考试书籍和材料。基于这种心态，用这种方式学习外语，显然不会有很扎实的语言基本功。[①]

（三）教学资源匮乏

教学资料主要涉及学习材料、外语传媒、教学设备、参考资料，还有外语使用的环境等。近些年来，随着我国经济的快速发展与社会对教育投入力度的加大，虽然在教学资源方面与20年前相比有了很大改善，但仍满足不了庞大的学习者队伍。一方面，教师和学生缺乏良好的教学材料；另一方面，市面上出现的各种辅导材料，对教师和学习者都产生了一定的误导。

（四）教材选择存在弊端

教材在很大程度上决定着课程的教学目的和教学方法，因此，对于任何一门课程而言，教材的设计和选择都非常重要，甚至决定了这一门课程教学的成功与否，英语教学也不例外。目前，我国非英语专业大学英语教材在内容选择上重文学、重政论，忽视了实用性内容。改革开放以来，社会各方面都得到了较快的发展，但是英语教学却止步不前。特别在教材上，教材内容已与现代社会相脱节，教材设置目的已不能满足现代英语教学的需求。20世纪90年代以来，虽然我国引进了和英、美等国家合编的教材或原版英语教

[①] 束定芳，庄智象．现代外语教学：理论、实践与方法［M］．上海：上海外语教育出版社，2008．

材，并在我国本土教材的设计上有了较大改变，但是这些教材只追求"可教性与可学性"，而忽视了实用性，学生从课本上学到的知识没法在社会交际中得到应用，从而渐渐失去了对英语学习的兴趣。想设计一本好的英语教材，应该考虑以下几个因素：①具有好的教学指导思想；②内容的安排和选择符合教学目标；③体现先进的教学方法；④是由学生用书、教师用书练习册、录音带或录像带或多媒体光盘等组成的立体化教材；⑤教材的设计合理，包括教材的篇幅、版面安排、图文比例和色彩等；⑥教材语言的素材真实、地道。

总之，作为教材的直接使用者，教师可以结合以上因素为教材的设计提出建议，开发出适合我国学生的教材，从而促进我国英语教学的发展

（五）忽视了文化教学的重要性

不同国家的文化都非常丰富多彩，若要学习某一种语言，就需要了解其中所涉及的各种文化元素。但是，教师和学生的时间和精力都是有限的，无法学会所有文化内涵，所以在学习过程中需要合理选择学习的内容。对于我国学生来讲，主要有三个方面影响着交际：①语言的文化内涵；②中西文化习俗、行为规范等方面的异同；③中西文化价值观的异同。然而，我国的教师和学生都认为，学好英语只需要学好语音、语调、语法和词汇等知识，事实上，即使掌握了这些知识，如果不了解中西文化的差异，仍然会影响交际活动的开展。

由于教师的教和学生的学都把重点放在了语言知识上，而忽视了英语文化。这就导致学生在和外国人交际时常出现各种误解和麻烦。比如，有些学生习惯用姓称呼外籍教师，常使外籍教师很不满。因为，在英语国家用姓做称谓只限于几种少数情况（如监狱看守对囚犯的称呼、教练对球员的称呼等），而称呼教授一般是Professor+姓。

总之，语言是交际的工具，如果不了解各种语言所承载的文化，不了解各文化间的差异，就很难顺利地进行交际，那么语言的学习就失去了意义。文化差异的存在，常常使跨文化交际失败。因此，教师在英语教学过程中除了要强调听、说、读、写等技能的提高外，还要帮助学生了解西方文化，让学生了解中西文化的差异，从而促进跨文化交际的开展。

第二节　中西文化差异对外语教学的影响

语言与文化之间的联系是不可分割的。因此，教师应加强对英语课程中文化因素的重视程度。若欲精通英语这一交际工具，则需具备相当的语言交际能力，并对中西方国家的文化差异有所了解。因此，教师不仅要从词汇、语音和语法三个方面着手，更应当致力于提升学生对文化的敏感度，以消除文化差异对学生英语学习所带来的不良影响。除了提高学生的文化领悟能力，教师还应该注重培养学生的语言运用能力，以达到更高层次的教学效果。

一、中西教育模式差异源自传统

文化是一个国家、民族在长期的生活中不断交流、融合、创新的产物，它是民众共同认可的行为准则和标准，沉淀着历史文化的底蕴和精髓，具有牢固的内在凝聚力和影响力，异乎寻常的坚定和稳固。每个文化群体都有自己的独特的传统观念和价值体系，在深厚的历史和文化背景下，这些观念和价值体系对每个社会成员都具有很强的规范作用和渗透性，同时也包容着每个社会成员不同的想法和观点。自古以来，儒家学说一直在中国社会扮演着至关重要的角色，对中国、东亚甚至全球产生着深远影响。天人关系体现了中国人最基本的思维方式，这种观念深深地扎根于儒家思想，并深刻影响着中国教育的发展，造就了中国传统的教育模式。这种传统的教育模式在几千年的历史长河中演化发展成为一种"灌输式"的教学方法。因此，很多教师都经常采用"满堂灌"的教学方式，这种方式被认为是中国独有的特色。

在中国的传统教学环境中，通常教师处于"权威"的地位，学生一味接受教师的指导，没有机会发表自己的意见。一名教师的能力是否达标，可以从学生是否认真听讲、课堂是否安静来评估。那些思维敏捷、勇于突破传统思维模式、具备独立见解的学生常常不被赏识，反而往往被视为差生和"混子"。个人主义在西方社会近代发展形成的一种观念，与西方国家独特的历史背景密切相关。个人主义并不是"自私自利"，它代表着西方社会一贯秉持的理性思维方式，和对真理的追求。个人主义是在西方社会的文明发展中崛起的一种精神引领、价值观和世界观，其深远的意义和广泛的影响不容忽略。它左右着西方人独特的人与世界关系的观点和由此形成思维方式和生存状态，是西方文化的核心。在现今这种社会个人主义盛行的风气中，西方人生活的主调是积极、对抗、活跃的，竞争在社会的各个领域中都存在。因此，西方社会基于这些特质形成了一种教育理念，并构建了一种民主教育模式，这种教育模式注重权利、个性，推崇个人自由的发展。这些特质被成功地融入了西方教育竞争机制中，并对西方教育事业产生了长期而深远的影响。评分制在西方教育中被视为必不可少的组成部分，而这也与许多亚洲国家的教育体制有些相似。这种制度可以有效地激励学生进行积极竞争，促进学术领域更深入地研究和创新。

在西方国家当中，人们往往遵循并认可一种教育理念，那就是在平时的教学课堂上，单纯死记硬背理论知识的学生是不被认可的，并不是好学生。但对于那些具备怀疑精神和思维创新的能力的学生来说，往往勇于质疑，这样的学生才是真正有见解的好学生。对于西方社会来说，世界观和人生价值观通常侧重于以自我为中心，更加重视个人和个性，这反映在教育中就是注重启发和鼓励，常采用引导性教学模式。针对西方人来说，往往注重团队协作能力的培养，教学课堂是充满趣味性的，不是单纯的知识讲授课，而是充满激情的探讨课。在西方教学制度和"人本主义"理念的有效组合下，就能形成最终相对完善的激励体制，在这样的体制下，可以激励学生不断进步和发展，提升学生的思维创新能力和想象力，在这样的教育环境条件和教学模式下，更能促进学生的综合发展，更有利于实现人才培养目标。

二、中西文化差异的具体体现

一种文化的特点可以通过其所使用的语言体现出来。每个民族都有独特的文化、历史和传统习俗等，这些特色都会在他们所说的语言中得到体现。英语的语言形式、词汇内涵、句法层次和语篇等方面反映了西方文化与中国文化的不同。如，莎士比亚深刻影响着英语语言，莎士比亚的戏剧作品中所描绘的许多人物已经成为了类似特征的人物的代名词，例如在《威尼斯商人》中的人物夏洛克（Shylock），就代表着贪婪、残忍以及不择手段地追求财富的人物形象。

随着时间的推移，人类会经历从青春期到中年期再到老年期的自然演变，然而在不同的国家，"老年"和"老人"之类的词语具有不同的潜台词，人们对此会产生不同的反应。中国有着尊老的文化，对于老年人，尤其是德高望重的老年人，我们通常会在他们的姓氏后面加上"老"这个称谓，比如说"宋老""赵老"，以此表示尊敬。然而，在英美文化中，这样称呼会适得其反的，因为他们觉得"old"（老）代表着"无用"或"过时"。因此，为了避免直接使用"old"这个词，人们常用"elderly"和"senior"来代替。此外，还存在其他比较婉转的表达方式，比如"no longer very young"（已经不那么年轻了），这些表达方式更容易被人们接受。一些人，特别是女性，对"middle-aged"（中年）这个词很敏感，因此就出现了一些含糊其词、委婉的说法，比如"of acertain age"。

此外，在中国人的观念中，夏天往往被视为酷热难耐的季节，往往与酷暑炎热联系在一起。在莎士比亚的一篇诗歌里，却存在着这句诗，"Shall I compare the etoasummer's day? /Thou are more lovely and more temperate."（我能不能夏天同你作比？/你啊，比夏天来得可爱、和煦。），中国文化和英国文化中"夏天"的引申含义和情感色彩存在显著的差异。造成这种情况的原因在于双方地理位置上存在差异。中国地处亚洲大陆，气候属于大陆性气候类型，一年四季有明显的区别。夏季是最热的季节，烈日炎炎，高温难耐。由于位于北温带并受北大西洋暖流的影响，英国夏季天气宜人，温暖明媚。拥有这些背景知识，可以使人更好地理解莎士比亚诗歌中所描绘的情感。

（一）称呼语

在英语国家，通常使用单独的称呼，既不与姓氏也不与名字相连。在中国文化中，"赵同志""黄经理""李老师"等是很常见的称呼习惯。但在英语国家，除了一些特定职称如法官、医生、博士、教授、教士等外，通常都是直接称呼名字。因此，在英语国家，学生不应该称呼"李老师"为"Teacher Li"，而多使用"Li"或"Ms./Mr. Li"等方式。

（二）致谢和答词

通常情况下，中国家庭成员之间很少使用"谢谢"这个词语，这样会给人一种彼此关系不够亲密的感觉。但在英语国家，"thank you"这个词语几乎可以用于任何场合，即使是在家庭成员之间。在英语国家，当人们被赞美时，常用"Thank you"来回复；而在中国文化中，人们通常用否定或者回避的话语以表自谦，例如当自己的外貌或着装被称赞时，往往会谦虚地说"哪里，哪里"，这种回答会使英语国家的人觉得对方在怀疑他们的判断能力，会感到相当不自在。当别人表示感谢时，中国人常用"这是我应该做的"（It is my duty. I ought to do that.）来表示自己的谦虚和客气，但西方人可能会信以为真，认为对方是因为职责才不得不提供帮助的。此时，应该使用更直接、更亲切的回答，例如"You're welcome.""No problem."或者"It's my pleasure."等。

（三）个人隐私

中国人在初次见面时通常会出于礼貌而向对方打听年龄及婚姻状况等信息，以表达关怀。然而，英语国家的人们对此感到非常不喜欢和抵制。在西方文化中，这些问题是对个人隐私的侵犯，很不礼貌。所以，在与英语国家人交往时，应当尽量避免问这些信息，以避免招致他们的反感和不满。如在一些小学英语课本中有谈论对方年龄的对话，教师需要向学生做出一些额外的解释。还有一些中国人常用表达，如"你去哪儿？"（Where are you going?）和"你在干什么？"（What are you doing?），在英语中，这些表达可能会过于探究别人的私事，存在盘问和监视的意味，都可能被视为侵犯隐私，因此应该避免谈及这些内容。

（四）介绍

在实际的英语知识教学当中，"What's your name？"出现次数是比较多的，但该句子在英语国家的应用次数是比较少的，在实际的交流过程中，往往会先向对方介绍自己，在介绍完自己之后，无需询问，对方会随之说出自己的名字，这是自然而然的过程。即使在需要获取对方姓名的情境中，如填写表格或面试，通常也只会礼貌地问一声"Our name, please？""May I know your name？"等。如果用"What's your name？"对方可能会感觉被审问，感到不舒服。通常情况下，在拨打电话时，英语国家的人会先自我介绍，以确保对方知道自己是谁，以避免打错电话。

（五）比喻和联想

针对存在文化差异性的人来说，在同样的比喻下，形成的联想是不同的。所以，在这种思维下去理解另一种思维是比较难的，在这种语言基础上掌握另一种语言也是比较难的。人们往往会实现相关品质、特征和相关物体的有效结合，在了解这些品质、特征的基础上，让人产生相应的情绪和态度，即使这种联想不存在任何科学性依据。

在英语文化中，猫头鹰代表着智慧，有"像猫头鹰一样聪明"的说法。英美漫画中，猫头鹰往往表现得十分沉稳聪慧。寓言故事中猫头鹰总是担当动物之间的争斗的仲裁者。但是，中国人对猫头鹰的态度却截然相反。一些人认为猫头鹰是不祥之物，会给人带来厄运。

与此相反，西方人普遍对蝙蝠持有负面印象，一提到蝙蝠，西方人会联想到丑陋、凶猛、以吸血为生的动物形象。英语中有"as blind as a bat"（有眼无珠），"crazy as a bat"（疯得像蝙蝠），"he is a bit batty"（他有些反常），"have bats in the belfry"（异想天开）等说法。因此，西方人普遍对蝙蝠抱有敌意和厌恶，类似于中国人对猫头鹰，认为它们是令人不快的生物。然而，在中国文化中，蝙蝠却象征着吉祥、健康和幸福。由于"蝠"与"福"谐音，一些绘画将蝙蝠和鹿并列在一起，备受喜爱，因为读作"蝠鹿"的音节与"福禄"相同，象征着吉祥和高官厚禄。

（六）禁忌语

由于不同国家的传统文化和风俗习惯都不同，这个国家的词语，也可能会引起那个国家人的反感和怀疑。在具体的语言交流中，要避免应用会让人反感的语言，就是所谓的禁忌语。在公共场合内，如果应用某些词语或者说到某些事的话，可能会引起人们的不满，在这里涉及社会禁忌性问题，一旦有人触犯社会性禁忌，就会受到社会的排斥，受到当地社会人的强烈不满，不被人认可和接受。

在英美文化中，询问关系不亲密的人的年龄是不礼貌的。除此之外，询问个人收入、婚姻、政治或宗教信仰等方面的信息都是不恰当的，这样做会显得冒犯。在中国社会中，一些类似的问题即使是刚刚认识的人也是可以交流的。但是英语国家高度关注"privacy"，不喜欢别人随意窥探自己的个人隐私。"privacy"的意思是秘密、隐私、私下、隐退、独处、不愿别人干涉等。英语中有一句俗语："A man's home is his castle."（一个人的家就是他的城堡）。换一种说法就是：一个人的住所是绝对私人空间，除非有主人的允许，否则任何人都不得进入。个人的私事同样如此，不需要让他人了解，更加不喜欢受到干预。

（七）思维方式

中国人在送礼物时往往会说"小小意思，不成敬意"（Here something little for you, it's not good.）。那些不熟悉中国文化的外国人对于这种做法可能会产生疑惑，疑惑对方为什么要送一件自己认为不那么好的小礼物给别人。通常，中国人在收到别人送来的礼物时，会先客气地推辞一下，接受后也不会立即打开。而在西方国家，人们会直接当面打开礼物，并且表现出赞赏之情，真诚地感谢送礼者："Thank you. I really appreciate it."

再举个例子，当中国人用餐时，当先吃完的人离席时，常常会说"你们慢慢吃"，这是非常恰当的，但对于同桌的英语国家人，这一说法可能并不恰当，他会不理解。又比如，对于中年以上的人，中国人通常用"老人"来称呼，这是一种尊敬的方式；而在西方，人们则更倾向于使用"年长的公民"（senior citizens）这一委婉语来指代老年人，因为他们不喜欢被称为老人。"你吃饭了吗？"（Have you had your dinner?）中国人日常打招呼习惯于问，其含义已超过"吃饭"本身，相当于英语中的"Hello! How are you?"然而，在英语语境下，此句话所包含的意义仅限于"吃饭"本身。因此，当向一位英语国家的人说这句话，他可能会误以为这是一个邀请，而回答"Thank you, it is very kind of you."

（八）语言表达习惯

在征询对方意见时，汉语倾向于以正面为切入点，而英语则倾向于以相反的方式进行。在询问意见时，中国人常常以这样的方式表达："Do you think so?"这就是我们所熟悉的表达方式，但英语母语者则不同了，是"Don't you think so?"就算是从正面切入，英语也常常在句末加上一个反问的结尾，以反句的方式表达，如："A fine day, isn't it? You like coffee, don't you? It a lively day, isn't it?"又如英语教学实践中常会遇见这样的病句"The teacher pat the boy's head."，而英语的正确表达方法应是"动词+人+介词+the+身体部位"。

在地址的书写过程中，我们可以明显感受到中西文化的差异，中国人先写大的地名在逐级缩小，如中国北京市海淀区，而在英语相反，是海淀区北京市中国。

（九）词汇和习惯语

就词汇而言，它既是语言基本单元，也是其主要组成部分。因此，基于语言的文化差异，不同的国家会在词汇上表现出不同的文化特征。同一个词在不同的文化背景下，所带有的思维形象和联想也不同。

第一，颜色词。颜色词往往具备显著的民族文化特征。在中国文化里，通常将"红色"与庆祝活动或欢庆的日子联系在一起，其含义较为单一。但是在英语中，同样表示红色的词汇"red"有着丰富的含义和情感色彩。尽管英语中存在"red letter day"（纪念日，喜庆的日子）和"the red carpet"（红地毯，比喻隆重的接待或欢迎）等词汇短语，但红色更多的时候被视为凶兆。

除此之外，"红色"也有"负债"或"亏损"的含义。我们需要避免使用"red"来翻译中文中的"红"，应当用其他单词或短语来表达同样的意思。例如，红茶（black tea；bohea）。在中国文化中，"白色"常被视为不吉利的象征，代表着凶兆、丧事和恐怖等负面的意义；而在西方文化中，"white"则通常被赋予"苍白、善良及强烈的情感"等寓意，经常被用来表示事情的好的一面和积极的意义，如"white lie"指无恶意的谎言，"whiteday"指吉日。在中国文化中，"黑色"常常象征悲哀、不幸、恐怖和神秘。但是，在英语中，"黑色"还可以表示庄重和严肃的含义，例如"a black tie dinner"（正式的聚餐会）。由于在记账中会使用"黑色"来表示盈利，所以形成了一些词汇，比如"black figure"或者"in the black"，含义为获利、赚钱。在中文中，"绿色"一词的概念相对狭窄，仅表示植物的颜色、生态环保，以及因为"绿帽子"而具有了"爱人出轨"的负面色彩，而英文中的"green"含义则更加广泛，可以表示绿色、环保，也具有新手、未成熟、绿党成员、缺乏资格等含义。如"green-eyed"的含义是眼红、妒忌。此外，因为美元的绿色，价值取向影响了绿色的含义。因此，"green"一词来指代金钱（如green power和green back）。在汉语中，黄色常被用来暗示下流或含有性的意味，而在英语中，色情电影通常被称为"蓝色电影"（blue movie/film）。在汉语中，"黑马"一般用来形容那些潜力巨大但是还没有被大众认可的人，而在英语中，"black sheep"则是用来指"害群之马，败家子"。

第二，动物词，由于中外文化差异，动物词的含义存在很大的不同。其中最典型的便是"狗"一词。在汉语中，带有"狗"的词汇通常被赋予负面的含义，例如"狗仗人势""狼心狗肺""狗咬吕洞宾"等。但是在英语文化中，人们把狗看作是最好的朋友，所以在习语中"dog"往往是正面含义。如"a lucky dog"（幸运儿），"Love me, love my dog."（爱屋及乌）。在中国文化中，龙被视作圣物，象征着繁荣和幸福，是皇权的象征，代表了权威、高贵。然而，在某些西方国家，龙被视为邪恶的象征，甚至是恶魔的化身。

另外，对于熊来说，其在中西国家当中的象征意义也不同，在中国，如果有人说到和"熊"有关词汇的话，就会自然而然想到"窝囊，没本事"，但在西方某些国家，"bear"是形容有特殊才能的人的词汇。在象征意义不同的词汇以及习语下，都体现了中外文化的差异性。

除了以上提到的两种词汇，其很多词汇的使用上也反映了中外文化的差异。例如：举例而言，我们通常将"peasant"翻译为"农民"，然而在英语中，这个词汇实际上带有贬义，被认为是指那些"教养不佳，粗俗而社会地位低下"的人，而非指直接从事农业生产劳动的人。这些差异是由于各国的历史、社会背景不同所导致的。

此外，由于地理环境的差异，部分词汇的含义也发生了变化。"东风"在汉语中常常意味着暖意、生机勃勃的景象，它代表了人们对美好未来的向往；相对地，人们对于"西风"常常联想到萧瑟、肃穆的氛围，哀思和孤独的情感。如"重阳过后，西风渐紧，庭树叶纷纷""寒月悲笳，万里西风瀚海沙"。但是，英语文化中两者的含义恰好相反，如"Blowing from the east, bode no good for man and beast. Winds blowing from the west, pleasee very one the best."（风起东方，人畜遭殃；风从西来，欢乐开怀）。

（十）日常生活中

不同国家的语言禁忌都是不同的。在我国，询问人年龄、经济收入、婚姻情况等是非常普遍的，也是很正常的，特别是"您去哪儿？"或"这是多少钱买的？"这些问法，都比较常见。但在国外某些地方，问这些问题会让人感到不悦。如果我们不提前了解一个国家和地区文化习俗的话，是无法在该地区和人正常交流的，要想愉快交流是非常难的。举例来说，美国，如果询问别人年龄，尤其是询问女性年龄的话，造成对方不快，会被认为是无教养的行为，会让询问者尴尬。而且在某些国家，老人被认定为社会的负担，是无法像中国那样被人尊敬的，每个人都不愿变老，更不愿接受自己变老的事实。

中国一向被誉为礼仪之邦，强调伦理道德，重视长幼差序，尊重长辈，特别重视尊老爱幼这一价值观。晚辈称呼长辈，通常会在名字后加上"老"字，以表达对长辈的尊敬之情。例如孙老、李老、您老等。但是，西方人难以理解这样的文化。如，一位老年美籍教师刚刚结束了旅行，一个中国学生非常关心："You look tired, please have a restold people need morerest."美籍教师听到后会生气地回答："Don't think I am that old, please don't worry a boutit!"由于在西方文化中，"老"通常表示行动迟缓、思想僵化，因此老年人非常不希望别人说自己"old"（老），更喜欢别人说他们依旧有活力。类似的情况还有，在完成一项普通任务或完成一天的日常工作后，中国人可能会说"You must have had a tiring job."（您工作辛苦了），表示关怀和礼貌，但是英语国家的人听到会认为对方质疑自己能力差，是对自己智商的侮辱（an insult to his intelligence）。对于朋友感冒了，中国人会表示"You should drink more water."（你应该多喝水）。当朋友冬天外出的时候，中国人可能会提醒"You should put on more clothes."（你应该多穿衣服），对于这些话，中国人听了会感到贴心，但西方人可能会误解为对方视自己为虚弱之人并教训自己，因此会感到不悦。

另外，对于西方人来说，其思想基础是人文主义，在人文主义模式下，更加注重人性解放，更加注重人性自由。对于英美人来说，在实际的交流过程中，通常表现出高度的自我意识。这一点在语言中的一个经典例子就是，英语中无论何时，"I"（我）都保持大写。同时，中国人和英国人都很注重对他人的尊重，不过两者的重视方式大相径庭。西方人收到礼物，通常会当场打开礼物以表示尊敬和感谢，而中国人则更喜欢在稍后才打开礼物，因为在中国文化中当面打开礼物是不好的行为。

（十一）价值观念

对于中国人来说，其传统观念是父母奋斗后为孩子留下一定的财产，供应孩子读书学习，最终让孩子找到一份好的工作，努力为孩子打造美好未来，中国人一辈子的价值就体现在培养孩子上。当前，有些刚刚四十出头的父母就放弃了事业和梦想，专门培养孩子，甚至很多人丢弃了工作，陪伴孩子到别的城市打工读书。但对于这些孩子来说，往往会过分依赖父母，常言道："不要数理化，只要一个好爸爸"，虽然是以前的老话，但却可以在一定程度上折射一部分孩子依赖父母的文化心理。

（十二）习俗文化

习俗文化是由民族的风俗习惯发展而来的文化现象，在日常社会生活和交际活动中随处可见。由于不同民族在审美和价值判断上形成了不同的观念体系，所以在不同民族的语言历史发展过程中，某些词语、事物或情景所引发的情感氛围和联想也各不相同。各民族以特定的词汇代指同一个事物，但是可能会产生不同的联想和情感反应。某些词汇的含义只在一种语言中存在，而在另一种语言中则没有对应的语义。在中国文化中，"红色"象征着欢乐、幸福和繁荣，也象征着"革命"，如"红色文化"。在英语国家中，"红色"常常会被视为危险和极端，而"绿色"则更接近于中国文化中"红色"的象征意义。为了用带有负面意义的"red"来翻译正面意义的"红"，《红楼梦》的翻译者霍克斯选择《石头记》（A Story of the Stone）以替代原本的书名。又例如，在中国文化中，"白色"被是丧色。在葬礼上，亡者的家属会穿上白色的衣服来表示哀悼，这种风俗被称为"披麻戴孝"。在西方文化中，白色一直被视为美丽和纯洁的象征，因此人们用白色表达着一种积极的情感。在结婚典礼上，新娘一般会选择戴白花、戴上白手套、穿上白鞋子。

就文化而言，是一个具有典型历史特征的现象，是社会长期积淀的结果。当我们观察世界万物和一切事情时，每个人的想法和看法都不同并在明确自己想法和看法的基础上，制定了相应的行为规范。针对人类认识结构来说，是存在一定差异性的，这也是为什么语言语意不等价。在中国文化中，龙是一种被视为吉祥的神物。自古以来，中国人都引以为豪地自称为"龙的传人"。但在西方神话传说中，"dragon"是一种巨大的爬行动物，它有翅膀，全身长满了鳞片，有蛇一样的尾巴，可以喷射火焰。在中世纪，"dragon"被视为邪恶的象征。在朗曼现代英语词典中，"dragon"被定义为：残忍无情的人，尤其是女性。"望子成龙"的英文翻译就不应将"龙"翻译为"dragon"，其英文译句应当是"to hope that the son will have a bright future"。只有这样才能贴切地表达原文所蕴含的文化含义。

在汉语中，姓氏和称谓的使用都非常注重礼仪，上下、贵贱、长幼秩序分明。每种称谓都对应着特定的亲属关系和社会地位。然而，英语语言并没有像这样严格地区分。"brother"在汉语指的是哥哥和弟弟，"uncle"可以指叔父、伯父、舅父、姑父、姨夫，也是尊称长辈的称谓，"cousin"可以指表兄弟姐妹和堂兄弟姐妹。

三、中西文化差异对英语教学的影响

对于文化和语言来说，两者存在比较密切的联系，人们可以通过了解两者的联系来学习相应的文化背景知识，可以从根本上提升人们自身的语言应用能力。但在以往的英语教学模式下，存在只重视知识理论传授、忽视不同国家文化背景知识讲授的问题，没有实现语言和文化的有效结合，而是把语言和文化隔离开，导致英语学习中文化层面上的问题出现，最终形成了所谓的中国式英语。所以，在具体的外语教学当中，教师必须在讲授基础外语知识的基础上，明确语言具备的社会文化因素，让学生了解语言文化背景知识，合理导入国外文化知识。中西文化差异性的存在，一定程度上影响了英语教学方案的实施，这种影响体现在教学的多个方面，下面主要以英语精读

课程教学为主，明确文化差异对其的影响，且从语音、词汇、写作等多个角度入手，深入分析该影响。

（一）中西文化差异对语音教学的影响

在汉语中，每个字都由一个音节构成，而在英语中则并非如此，既有单音节词汇，也有多音节词汇。此外，汉语词有阴阳上去的声调之分，而英语中则没有；英语中的单词带有重音，而汉语中则没有。这就使得英语与汉语之间存在着一定程度的差别。此外，中英两种语言在音韵和节奏方面呈现出显著的差异。因此，在英语语音教学中，教师需不仅关注学生音素及单词的准确发音，还需引导学生关注重音、连读、句子节奏等。在教学课堂上，为了让学生全面了解英语的音韵美及其与汉语的差异，教师应当带领学生欣赏英文歌曲、诗歌等。例如，电影《窈窕淑女》中反复诵唱的绕口令"The rain in Spain stays mainly in the plain."就可作为题材，提高对学生[ei]的发音认识，让学生了解英语的音韵。

（二）中西文化差异对词汇教学的影响

中西文化差异性比较明显，表现在多个方面，不仅表现在地理环境差异性上，还表现在人们思想观念的差异性上。很多英语教师在教学中发现了词汇与文化之间的密切联系，中英语言词汇的不同就体现在常用词汇、习语、成语和典故当中。以"freeze"为例，其本义是"冰冻""结冰"，在教学中对这一词汇含义的讲解基本停留在这一层面。但美国是一个很多人都持有枪支的国家，"freeze"还有一个常见含义，就是"站住""不许动"，如果不理解这层含义，可能会遭遇生命危机，所以，英语教学也要进行一定的文化知识讲解，以便学生更好地理解英语语言。

（三）中西文化差异对篇章教学的影响

在英语能力测试当中，加强英语阅读理解能力测试是比较重要的，只有具备专业化的英语阅读理解能力，才能学好英语，并有效应用英语。在实际的英语教学过程中，往往会出现学生不理解阅读理解题目意思的现象，在其中就反映出了中西文化在观念、价值、道德规范和行为准则等诸多方面的差异，另外还能反映出人们思维意识、逻辑判断能力及语言表达能力的差异。在具体的外语阅读过程中，要想正确理解词汇和了解课文大意，必须加强对相应国家文化背景知识的了解,只有这样才能全面掌握其文化内涵。在进行语篇教学之前,教师不仅要掌握学生的英语学习能力,还要了解相应的知识结构,要提前准备好理解语篇所需要的所有背景知识,明确相关背景知识提取的有效方法和途径,以此来扩大学生的英语学习知识面,让学生正确理解所读语篇的大意。

(四)中西文化差异对写作教学的影响

在英语学习中,写作技能是一项至关重要的基础技能,同时也是一项需要综合运用多种能力的技能。

英语写作是英语学习中重要的基本技能之一,也是一项综合技能。通过考核学生的英语写作情况,可以了解学生的基础知识掌握情况和运用情况。因此,在外语学习过程中,掌握英语写作方法和技巧十分重要,但影响学生写作的障碍和因素是比较多的,特别由于汉语思维和习惯,学生使用句法和修饰时会带有明显的汉语色彩,与英语习惯用法存在明显差异

例如:"I cost 2 hours read English every day."此类的句子在学生的英语写作中出现,这样的表达是属于中国式的英语表达,是逐字翻译,完全不符合标准的英语表达。可见,学习者要想提升自己的英语写作能力,必须改变中国式的思维模式。尽管有些表达在句法上是正确的,但是并不符合英语表达习惯,英语母语者能够听懂但是会感到很生硬。这是因为中英语言的文化差异,尤其是思维模式存在差异。所以,英语教师需要为学生提供优秀的范文,使其由仿写开始学习英语写作,同时在教学中培养学生的英语表达思维。

(五)中西文化差异对外语教学理念与课堂模式的影响

在中西方文化的不同价值观影响下,中国教育理念更加重视"解惑",而西方则更加重视"疑辩"。中国的文化中儒家思想一直是主流和主导,自古以来人们一直将教师视为"传道授业解惑者也"。由此可以看出中国教育中对教师的要求很高,同时也认为教师的地位和权威是不可动摇的。

在《论语·述而》中记载有"子以四教:文,行,忠,信"。这句话传达了孔子四项教诲:文化修养,品行表现,忠诚仁爱,诚实守信。孔子从上述四个方面对学生进行教育,展示出了儒家教育思想和系统的核心。然而,这种过分崇尚传统和权威、缺乏质疑精神、看重规矩的教育理念深入了中国

文化的内在，成为无意识的集体认可的理念，同时也成为了阻碍中国教育发展的深层次因素。

古希腊哲学家苏格拉底对西方教育产生了深刻影响。苏格拉底主张，任何人都没有权力强制别人信仰任何事情，也不能剥夺别人自由思考的权利。这表明中西方两位教育领袖在价值方向上存在的差异。这种观念上的差异势必会在教育理念方面产生影响。苏格拉底将自己当作一个"助产士"，他通过对话和问题引导的方式，帮助学生发现答案中的错误，并逐步引导学生接近真理。这种教学理念导致了教师授课为主的教学模式的出现。

中国的文化观念和思维方式，导致英语教学仍然主要采用教师授课和语法-翻译模式。这种做法并不利于学生的自主学习和英语综合应用能力的培养。与此同时中国学生普遍受到"耻文化"的影响，注重他人对自己的评价，对于公开出现不妥行为也感到非常不安，尤其是因此带来的羞耻感更令他们厌恶。因此，中国学生，特别是具备较强羞耻心的大学生在英语课堂上往往很少甚至不会主动发言。这也成为中国英语教学模式改革的一个困难之所在。

（六）中西文化差异对于英语语言教学本身的影响

在中西方文化差异因素的影响下，对于中英语言来说，其本身也出现了较大的差异性。对于英语教育人员来说，必须时刻明确这种差别。在具体的英语教学当中，教师需要引导学生了解中西语言之间的不同。教师应当帮助学生认识中西语言在词汇、语篇、语法等等方面的具体差异，以巩固学生的英语基础。词语的意义并不限于语言意义，而且还涵盖了文化意义，因此在教授中西方词语意义差异时，需要注意这一点。

词语的文化含义不仅受到民族心理和价值观的影响，还与民族的审美观等因素密切相关。中英语言中词语的文化意义存在两个主要方面的区别：词汇的非对等性，以及词汇所引起的联想。所以，在进行词汇教学时，需要强调的不仅是语言本身的教学，也需要强调文化的传授。除了让学生了解词汇的实际意义和使用规则，我们也应该让他们明白词汇所代表的文化含义，并指导他们如何合理地在语言交流中使用词汇。在文法方面也是如此。既然已经明确了中西方文化差异对句法和语篇的影响，就必须体现在实际的英语教学当中，并有所引导。只有让学生明确中英文应用差异性的根本性原因，才能让学生找到最适合自己的学习方法，而不是一味地死记硬背，追寻一些表面的规则。

第三节 多元文化对英语教学的启示

一、多元文化教育的发展

多元文化在世界范围内的不断发展对教育研究也产生了重要的影响。多元文化教育的发展走向如下。

（一）促进教育从一元走向多元

人类的文化演进呈现出从文化一元隔阂，到文化多元并存，再到文化多元互动的历程。由于教育紧密地与政治、经济和文化相互关联，因此，随着国际形势的变化，教育也承受着新的压力和挑战。教育也应发挥自身对政治、经济、文化等的反作用，促进各国人民相互理解，助力世界和平；肩负培养年轻一代具备民主精神、尊重他人、包容不同、平等待人、自由思考以及理解能力等良好品质的使命；除了顺应多元文化趋势，传承文化传统，教育还应当帮助人们理解和把握文化的过程性、连贯性和变化性，以促进文化认同。教育的一个重要目标应该是引导学生去尊重并理解其他文化，推动全球文化平等格局的形成，促进多元文化和谐发展，以及推动世界的稳定与繁荣。多元文化教育可以通过为整个学习者设计特殊计划、课程或活动，保护文化多样性，并促进其发展。这种教育有助于学生在学业上更成功，同时增强其对国际事务的理解。其初衷是让学生从了解本国文化逐渐拓宽视野，尊重邻国文化并最终欣赏世界文化。

1937年以来，联合国教科文组织在众多国际教育大会中的发言都在认可多元文化，并号召各国致力于对不同民族文化的尊重以及保护、传承和创新。这反映了国际社会和舆论重视多元文化教育，体现了其提出的教育措施具有强烈的一致性与坚定性。不同国家和民族一直以来都有自身独特的教育体系和实践，这为各国在开展多元文化教育中不断改进、提高和相互学习提供资源，这也是教育改革和创新的重要资源库。这些资源不仅使得多元文化教育拥有丰富的教学内容，同时也为提高教育成效打下了坚实的基础。所以，现在的教育应该吸取各国、各民族文化的精华，拓宽学生视野，使之看到世界各种文化之间的异同，并促进各种文化的生存和发展。

（二）促进教育从隔离走向理解

当前人类的活动范围越来越大，人与人之间的交流与互动也越来越频繁，从封闭、半封闭、隔阂的状态逐渐变为半开放、开放、相互交流的状态。同样的，社会经济也向全球化转变。现今的历史势必要求以往的文化隔离状态转向多元文化，文化不再是排他的，而是更具包容性的。各个国家、各个民族的人群之间的交流不断增多和深入，文化之间的联系也从以前的彼此疏远、孤立到现在的彼此接近、依赖。多元文化共存、共同发展，和随之而来的对家乡和对民族文化的怀旧之情，促使人们从更现代、更高级和更长远的角度来思考教育，思考人类品格的塑造，审视世界各民族的文化，打造一个崭新的世界文化图景。同时，文化人类学的研究也表明了各国、各民族文化存在差异的同时，也存在相似和相通之处，这些发现为不同文化群体的彼此尊重和交流提供了人类学上的启示。

随着文化的不断变化，教育的培养目标也需要相应地调整。现在，教育着重培养跨文化能力，也就是和他文化的人成功交际、理解，以及适应他文化环境的能力。具体地说，要有效地培养跨文化人才，需要关注以下几个方面。

1. 培养开阔的文化视野

多元文化教育应当为学生提供机会学习各民族文化，拓宽他们的文化视野，使他们能够深入了解、欣赏和把握本民族文化的历史和精髓，同时也能够领略世界文化的发展和精髓。

2. 树立开放的世界文化观

在教授学生各民族的文化知识的过程中，多元文化教育也应该注重将文化观念融入其中，应该培养其跨文化意识，使其基于深刻认同和理解自身文化，具备民族自豪感、文化自觉、文化自信的基础，尊重、包容并接纳其他文化。

3. 倡导积极的跨文化情感

多元文化教育不仅是培养人才的过程，还是一个涉及本土文化和全球文化之间情感交流的复杂过程。因此，我们应该重视培养学生积极性的跨文化情感，让他们在对本民族文化不自视甚高，对异文化既不盲目排斥，也不盲目崇拜，从而养成自尊、自爱、平等、开放的文化态度。

4. 提升全面的跨文化能力

多元文化教育应当注重培养学生跨文化交际能力和适应力，使其具备参与民主决策的社会与政治的能力，并在多元文化的共存和文化差异越发显著的情况下掌握主流文化、改善自身观念与行为。选择、组织和重构文化，促进文化再生和继承文化，教育能够传播、整合文化，这也使原有文化的性质、功能等方面发生变化，从而再生出新的文化，引领人类超脱外物的禁锢，超越有限的生命，进入精神上的自由境界。所以，当代教育承担着项前所未有的文化使命，也就是提升全球文化的发展潜力。

（三）促进教育从封闭走向开放

教育政策在全球范围内经历了三个不同的发展阶段，旨在突破文化边界的限制。也就是，从带有种族主义的同化教育，逐渐演变为多元文化共存的多元一体化教育，最终达到多元文化互动的多元文化教育。同化教育阶段，突出表现为以种族为中心，希望并尝试使其他文化接受本文化的主导，遵循一种文化普世原则；多元一体化教育阶段，我们可以看到显著的种族多元的特征，体现了一种文化多元视角，并且这种视角是基于对各种文化的认可；多元文化教育阶段，主要特征为族际交往，这种教育是建立在对多元文化关系的深刻理解之上的，是与文化发展规律相适应的，是一种多元文化相互接触、相互渗透和相互影响的教育。上述发展过程反映了社会文化发展的历程，反映了当代社会文化之间平等交流和多样化发展的关系，体现出了教育不再仅仅是区域性行动，更在逐渐成为全球性行动，体现出了教育的文化取向正在由静态转向动态。因此，随着全球形势的变化，我们需要重新审视主流文化教育的起点和终点，正视教育中存在的限制，适应不同文化群体的文化需求，确保来自不同文化群体的学生学业有成。

如今，全球化趋势已经势不可挡，并且在不断加快，各国各民族的文化交流越发频繁，人们对文化差异也越发敏感，多元文化要求人们具备更高远、更广阔的眼光，来看待和理解文化和文化差异，注重多元文化教育。通过这种教育培养具备民族尊重、宽容、平等、自由、理解品质的世界公民，客观、正确地看待不同文化的边界，认识到本国文化、本民族文化的特殊和优秀之处，以及文化差异带来的交流和矛盾，将之作为保持和发展文化多样性的力量。多元文化教育需以各文化的彼此尊重和交流、理解和平等对话为基础，推进文化互动和共同发展。需培养跨文化人才，促进世界文化发展，推动世界和平。历史证明了，人类必须以广阔、开放、包容的态度，才能了解多元文化的共存局面和重要影响；人类必须站在全球、全人类的视角上，并具备较强的跨文化能力，才能推动世界各国、各民族的和谐、发展。

二、多元文化背景下英语教学的原则

（一）文化性原则

学生学习英语不仅是学习单词及语法，同时也是在学习语言文化。语言既是文化的一部分，也是文化的重要载体，因此文化教学理应成为语言教学的重要组成部分。重视文化原则需要教师做到以下两点。

1. 加强文化知识的传授，鼓励学生积极参与实践

在传授基础知识的同时，教师应当融入对学生英语交际能力的培养，以及英语文化知识的传授。例如，课上讲解与课程主题有关的英语文化，引导学生在课堂和课外不断进行实践和练习；积极举办英语"沙龙"活动或播放英语影视片段，组织英语讲座和演讲、话剧表演比赛等，以培养学生在实际生活中运用英语语言的能力和技巧，增强他们的听、读、写、说能力，丰富他们的知识积累。

2. 利用教材渗透多元文化，提高学生的英语文化水平

教师在处理教材时，可以将课本内容与多元文化相融合。不断扩展，引发有关文化的信息。如果学生不了解其文化背景知识，就不能很好地掌握外语。在语言的构成中，词汇是最为活跃的元素之一，同时也是承载着文化的重要载体。所以，教师应当特别讲解英语词汇所蕴含的文化内涵。这些词汇往往蕴含着丰富而深刻的文化背景知识，反映了当时当地人们的社会生活及

思维方式。对英语词汇的理解和掌握，需要深入了解相关文化知识，这将对学生产生积极影响。例如，在英语中，"dog"（狗）是人们生活中的重要伙伴，甚至有时直接泛指人。于是就有了"Every dog has his day."（凡人皆有得意日），"You are a lucky dog."（你是个幸运儿）。在汉语里，用狗比喻人多带贬义，如"走狗""狗腿子"等。另外，由于环境、历史和文化的不同，在表示相似的比喻或象征意义时，英语和汉语会使用完全不同的颜色词，如"blue movie"（黄色电影），"green hand"（没有经验的人）等。

教师可以运用多元文化元素进行语法教学，以促进学生对语法知识的深入理解。运用恰当的英汉语言比较，激发学生的讨论热情。同时，还要利用多种教学方法激发学生的求知欲，提升他们的信息获取能力，扩展他们的知识领域，协助他们牢固掌握英语语法，增强他们运用英语的能力。例如，在总结名词复数形式时，变化规则中以"o"结尾的名词一般情况下在词尾加es，但是，英语词汇中有很多外来词汇（如tobacco，piano等）则在词尾加s。

（二）交际性原则

英语学习的最终目的是使用英语。英语教学的最终目的是培养学生对英语的综合运用能力。因此，在教学过程中，教师要始终遵循交际性原则，以培养学生的交际能力为最终目的。也就是说，要培养学生运用所学的语言知识在不同的场合、对不同的对象进行有效得体交际的能力。具体来说，教师在教学过程中需要注意以下几个方面。

1. 正确认识英语教学的性质

教师首先需要认清英语教学的性质。英语教学作为一种技能培养型课程，其教、学、用三个方面构成一个有机的统一体，三者之间是相辅相成的关系，其中"用"在这三个方面中处于核心地位。与学习游泳类似，英语交际能力是在实践的过程中培养出来的，如果只有理论没有应用，就很难达到预期的目标。因此在教学中应时刻给学生锻炼的机会，加大英语使用的力度。

2. 将英语作为一种交际工具

英语是一种交际工具，英语教学的目的是培养学生使用这种交际工具的能力。

交际工具的应用能力是在实践当中培养出来的，因此教师在教学中及学生在学习中都要把英语作为一种交际工具，教师和学生在课上课下都要积极使用这种交际工具进行交流。

在英语教学中，教师或学生并不是单纯地教知识或学知识，而是通过操练，培养用英语进行交际的能力。教师要尽量利用教具为学生创造适当的情境，协助学生进行以英语作为交际工具的真实的或逼真的演习。这样学生不仅学得有兴趣、有成效，而且能真正活学活用。

3. 在教授中灵活创设交际情境

要想让学生具备使用英语进行交际的能力，使学生能够在适当的地点和时间以适当的方式向适当的人讲适当的话，就应在英语教学中创设情境，开展多种形式的交际活动。众所周知，利用语言进行的交际总是发生在特定的情境之中。情境包括时间、地点、参与者、交际方式、谈论的题目等要素，在某一特定的情境中，某些因素，如讲话者所处的时间、地点以及本人的身份等都制约他说话的内容、语气等。而且，在不同的情境中，同样的一句话也可以表达不同的意义。例如，"Can you tell me the time?"这句话可能表示的意思就有两种：一是向别人询问时间，是一种请求的语气；二是表示对他人迟到的一种责备。因此，在英语教学中，要把教学的内容置于一种有意义的情境之中，这样才有可能让学生充分理解每一句话所表达的意思。

在一定的情境之中进行的英语教学，还可以使学生身临其境，提高学生学习英语的兴趣。因此，教师在教学过程中要充分结合教材内容，利用各种现有的教具，开展各种情境的交际活动，这样对学生和教学都会产生有利的影响，收到不错的教学效果。此外，教师也可以设计任务型活动，让学生通过完成特定的任务来获得和积累相应的知识与经验。需要注意的是这些活动需要有交际的性质，才有利于交际目标的完成。

4. 结合学生的生活来选择教学内容与活动

在进行英语教学时，现实生活这个因素也是需要考虑的，因为语言总是与现实生活密切联系的。因此，在英语教学中，教师应把语言和学生所关心的话题结合起来，给学生提供足够的、内容丰富的、题材广泛的、贴近学生生活的信息材料。这样的材料由于具有一定的现实性，因此容易使学生产生共鸣，从而调动学生的兴趣，也能促使他们认识到学习英语的目的在于交际,而不是应付考试。例如,在教关于交通工具的词汇时,教师可以联系学生的出行方式,引导学生想象自己每天是如何到学校的。根据学生的回答,如步行、骑自行车、坐公交等,导入"on foot""by bike""in a bus"等单词与短语。又如,在大学英语教学过程中教师可以结合学生毕业后面临要找工作的问题,训练学生撰写简历、通知等的能力。

三、多元文化背景下英语教学的目标

我国过去把"掌握语言基础知识和基本技能"作为培养外语人才的目标,已经不能满足现代社会文化多元化发展趋势了。在多元文化的现代社会,我国需要重新制定英语课程的目标,了解英汉文化差异,增强跨文化意识,才能培养出符合当今社会需要的人才。根据我国当今的社会背景,在借鉴其他国家的多元文化课程目标之后,归纳总结出我国的多元文化课程的目标。

(一)帮助学生学习和了解世界文化

世界各地因为地理环境、历史背景、社会发展、生活方式、科技水平等的不同,孕育了不同的文化传统,而每一种文化都有不可剥夺的存在理由和不可替代的独特价值,不同的文化群体使世界的文化呈现多元化。

随着社会的发展,各国、各民族之间的交流越加频繁,而不同的民族文化之间存在着巨大的差异,如果不能够了解不同民族的文化,就难以避免文化冲突。如果学生没有学习、了解世界文化的多样性,就有可能对其他国家、民族的文化持排斥、否定的态度,导致交往中的文化冲突,对学生个体的成长、社会的发展都将带来无法弥补的破坏。因此为了适应现代生活的需要,为了适应不同国家、民族之间交流的需要,教师应该帮助学生学习和了解世界文化,使学生了解世界文化的多样性,使学生形成开放的心态去对待世界,不惧怕陌生的事物,不惧怕陌生的面孔,对外国文化理解、尊重,从而避免文化冲突,实现平等交往、成功合作。

学校应当为学生提供广泛的学习和了解其他文化的机会,以培养他们对其他文化的尊重和理解,从而使他们掌握理解世界各国和民族文化的技能。

学校应给学生提供学习外国文化的机会,其一是由于学生积极了解外国文化，能够培养出一种尊重外国文化的态度；并在此过程中学习跨文化的基本技能，从而可以更好地理解其他民族文化，这样，可以使学生在有限的学习时间和有限的精力下学习其他民族文化，实现教学的举一反三。其二，通过学习其他民族文化，学生可以建立一个系统完备的参考框架，以便对本国文化进行评估和反思。系统化地学习外国文化，能够深入探究其生成和演变，领悟其文化内核，从而可以为学生反省本国文化提供对比。缺乏对不同民族文化的学习，会使学生对本民族文化的反省不全面、评价不公正，甚至会使学生从不反思本国文化，这将不利于文化的发展。

（二）引导学生尊重和接纳世界文化

多元文化视角下，学生仅仅学习和了解世界文化是不够的。在世界文化呈现多元化的背景之下，要培养学生跨文化的交际能力，不仅需要帮助学生确立多元化观念，更重要的是引导学生尊重和接纳世界文化。

引导学生尊重和接纳世界文化，需要帮助他们广泛了解多种文化，丰富对人类多元文化的认识和理解，从而发现这些文化所共同具有的追求美好生活、美好世界和美好未来的内涵，和对平等和正义的共同理解，引导学生认识到促进社会的平等与发展是每个社会成员的责任；引导学生尊重和接纳世界文化，需要培养他们掌握一定的方法和技能，并利用此深入探究其他文化的形成和本质，并以其他民族文化为镜，不断剖析和反思自己民族的文化，从而提升个人修养；引导学生尊重和接纳世界文化，就是要帮助学生以开放的心态去认识世界，认识自我，培养其多角度思考问题和概念的思维方式，发掘文化多元的价值，从而促进对文化平等的维护和尊重。

需要强调的是，在多元文化教育的背景下，不仅不能被减少本民族文化课程，而且应该加强。多元文化教育作为学校教育的重要组成部分，与国家教育的宗旨相契合；然而，它并非学校所提供的全部课程，而是以单一文化教育的存在为前提，与之形成了鲜明的对比。若未有本国或本民族的文化传承，外国或其他民族的文化学习便无从谈起；同样，没有独特而完整的本民族的文化，也不可能形成多元化的文化观。只有当一个国家或民族拥有并保留其独特的文化特色时，才能在国际舞台上占据一席之地，并为全球文化的发展助力。理解自我和他人是一种相互促进的过程，而多元文化教育则是在尊重和理解其他文化的同时，深入认知和发展自身文化。

（三）培养学生批判性思维

在多元文化视阈下，我们不应用自己的文化、道德、价值观的标准去衡量和评价，或者拒绝其他民族文化，也不应盲目模仿、追随其他民族文化，而应以公正、宽容的态度对待其他文化，并坚持自己的民族的优秀文化。因此，多元文化视域下的英语课程除了要帮助学生学习和了解世界文化，引导学生尊重和理解世界文化，还需要促进学生反思本国文化，发展学生的批判性思维。

如果说中小学阶段的英语教育注重的是英语语言知识的教学，那么思维能力就是高等教育的教学核心。思维能力对学生的语言学习乃至对宏观事物的认知都起着至关重要的作用。在国外，很多学校都将培养学生的思维能力作为教育目标纳入教学计划中。1993年，美国政府把思维能力纳入教育目标中。2001年，英国剑桥大学等高校在入学考试中增加了思维能力测试这个部分。而我国的英语教学仍然沿循传统的英语教学理念和模式，并未对学生思维能力的发展予以足够的重视，造成当前英语专业学生的分析、推理、解释、批评等能力普遍较弱，且发展速度甚至还比不上其他文科专业的学生。针对这种情况，我国英语教学应将培养学生的思维能力视作高等英语教学的重中之重。

近几十年来，国外关于思维能力的研究较国内更加成熟。这些研究成果中，"德尔夫研究"模型（The Delphi Research）和保罗&埃尔德（Paul & Elder）提出的思维结构模型是最有名的两个理论模型。"德尔夫研究"指出，思维能力是由认知能力和情感特质两个部分构成的，认知能力包括理解、分析、推论、评价、解释和自我修正6个部分。情感特质指寻求真理、思想开放、分析能力、系统性、自信心、追根探究和认知成熟等7种性格特征。①1990年，美国学者保罗&埃尔德从教学需求的角度指出分析思维包括8项要素、9个评判标准和具有批判性思维的人所具备的7个智力特征。"8个

---

①杨颖，孙建璐，陈晓丹. 多元文化视阈下的当代英语教学研究［M］. 长春：吉林大学出版社，2012.

要素为：目的、问题、概念、信息、结论、假设、蕴意和视角。9个标准：清楚、真实、准确、相关、深度、广度、意义、逻辑和公正。7个智力特性分别为谦虚、勇气、移情、正直、毅力、推理和公正。"[1]

小组对话、分析文章、合作学习、项目研究、论文写作等课堂活动往往比选择题更加有助于提高学生的思维能力。它们使学生在发挥主观能动性的同时能够积极思考，运用批判性思维，最终对所研究、讨论的事物形成全面的、客观的、独特的、辩证的观点。由此可见，学习世界文化给学生审视本国文化提供了良好的机会。多元文化教育、多元文化课程为学生打开了视野，使学生能够从多个角度看待本国文化及目的语文化。在对本国文化与外国文化对比分析中，学生能够用新的视角去看待、考虑母语文化中的观点与现象，发现其中隐藏的文化预定，并以多元文化的视角反思这些既定的价值观、信仰、行为方式。部分之前认为无可厚非的或者"天经地义"的观点在多元文化的视角下变得摇摇欲坠，部分新鲜的外国文化观念展现出其优越性。多元文化的碰撞促成了学生对本国文化，乃至对外国文化的反思，并取其精华，去其糟粕，最终建立起属于自己的个人文化观念。只有广泛接触世界文化，了解世界文化的多样性，了解本国文化与其他文化的差别，学生个体的独特性才能得到自由的发展与充分的尊重，文化的繁荣昌盛才有可能实现。

综上所述，在世界文化碰撞剧烈的今天，国内英语教学不能再局限于中国文化观的指导，而应从多元文化的角度来审视国内的英语教学，发现其中的不足，树立科学的英语教学目标以便更好地提高我国高等院校英语专业学生的思维能力，形成成熟的批判性思维，为将来的学习和工作起到促进作用。

四、多元文化背景下英语教学的重点实践方向

（一）激发学生对文化差异的兴趣

学生无论学什么，只有在自己真正感兴趣的情况下，才会充分发挥自

---

[1] 刘艳萍，文秋芳，王建卿. 国外大学生思维能力研究评析及启示 [J]. 石家庄经济学院学报，2010, 33（5）：133-136.

己的主观能动性。学习英语也是如此。因此，在传授跨文化知识时，英语教学不能不重视对学生关于文化差异兴趣的激发和培养。英语教师需要与时俱进，采取多样化的创新的教学方法，结合时事丰富教学内容，增强教学的趣味性和互动性，从而有效激发学生的学习兴趣和积极性。

教师可以通过教学方法、教学内容的对比激发学生对文化差异的兴趣。介绍文化背景，比较文化差异，最好的方法是透过语言材料，进而了解其中所含的民族文化语义。通过这种方法，教师可以把枯燥无味的词语解释、语法讲解等变得形象生动，使学生在活跃的气氛中不仅能学到英语语言知识，还能领略到英语民族文化。

教师是教学的主导者，而学生是教学的主体，在教学中处于中心地位，教师传授的知识最终要由学生加以理解、吸收，而学生跨文化交际的能力主要靠实践来培养。英语教师应根据教学内容和学生特点，在课堂上采用灵活多样的教学方法和教学手段，并帮助学生树立坚持不懈、持之以恒的英语学习态度。在培养学生的学习兴趣的同时，教师还应当帮助他们养成良好的学习习惯，也就是教会学生学习方法。如果学生只会整天抱着课本死记硬背，则很难掌握实际的英语交际能力。教师在教学中一定要结合具体教学对象的学习实际，采用行之有效的教学方法。英语是一种工具，英语学习是一个漫长的过程，文化信息需要日积月累，学生只有通过持之以恒地学习和大量的实践训练才能做到活学活用，形成驾驭英语语言的跨文化交际能力。英语教学不能讲授单一的语言知识，而是要将英语文化的教学融入其中，将文化差异对比分析融入其中，使语言教学与文化教学相互促进，培养学生理解和应对文化差异的能力

（二）培养学生的跨文化意识

因为跨文化意识是如此重要，所以教师在教学过程中必须重视对学生跨文化意识的培养。在英语教学中，教师要充分利用现代化的教学手段，介绍英语国家文化背景，让学生最大限度地接触一些英语国家的文化信息。

对跨文化的敏感性主要来自两种途径。一是直接途径，也就是通过在外国生活、体验的方式来获取文化信息，培养对异国文化的敏感性。这对我国国内学生来说显然不可能。因此，我国英语教师可以采用另一种途径培养学

生的跨文化意识，即间接途径。间接的方法有很多，包括课堂学习、课外阅读、收听英语广播、观看一些英文图像资料等。但是英语课堂教学毕竟具有一定的局限性，因此通过课外学习活动是培养学生跨文化意识的有效途径，教师应该鼓励并指导学生开展形式多样的课外学习活动，特别是要借助先进的现代化教学手段，加强学生的语言听说训练，直接在英语教学中给学生导入一些英语文化背景知识。教师应该鼓励学生观看英文原版电影、录像。由于英语国家本族人所演绎的英文原版电影、录像都具有浓厚的英语文化气息，因此通过观看英文原版电影、录像提高文化差异敏感性是一种非常有效的手段。对缺少英语语言环境的我国英语学习者而言，最大的困难就是从课本里学来的英文知识往往与现实生活中的语用实际脱节，而观看英文原版电影、录像不仅可以扩大词汇量，增强听说能力，还能从中学到很多文化知识，动态的电影、录像情境，往往会让他们对外国文化更容易理解，印象也更为深刻。

（三）增强学生的跨文化感悟力

通过文化差异的比较，学生会在头脑中形成一种潜在的反应能力，这种能力就是通过语言这一载体对英语所反映的文化内容的综合性的理解能力，也就是人们常说的文化感悟力。

在英语教学中，教师应注重对英语国家文化背景的介绍，使学生了解英美等国家的文化，通过比较英汉文化的差异，让学生明白不同的语言以及语言背后的不同文化，学会在适当的场合用适当的语言表达自己的思想，实现培养和提高学生运用英语在跨文化语境中正确交流的能力。

增强学生的跨文化感悟力，需要教师引导学生接触、理解文化差异。教师可以在课堂中教授文化知识。教材中有不少关于英语国家的生活方式、行为规范、价值观念、历史地理、文化艺术、风土人情、传统习俗等方面的对话和课文，教师应该让学生注意这些文化知识，增加学生对英语国家文化的感悟力。教师还可通过指导学生开展课外活动学习西方文化知识，如带领学生多读一些英语报刊、多听一些英语广播、多看一些原版影视资料来广泛接触和逐步丰富英语文化背景知识，还可以通过指导学生开展英语角、英语晚会、专题讲座及课外实践活动，使学生在不断接触英语文化的环境中比较文化的差异，培养跨文化意识，增强跨文化感悟力。学生增强了跨文化感悟力，就容易理解交际中出现的文化差异，如一见到"black tea"，头脑中立刻明白这是中国人常喝的"红茶"。

必须基于教材和课程，开发和挖掘其中的文化内涵，带领学生延伸学习，了解教材之外的英语文化知识，以便帮助学生认识和理解中西文化差异，体验文化多样性，提高文化感悟能力，进而培养其跨文化综合能力。所谓的跨文化意识指的是学生对于中外文化差异和相同点的敏感性，和在跨文化交际中适应异文化并自觉作出合适的语言行为。跨文化意识在现代的跨文化交流中有十分重要的作用，缺乏跨文化意识往往会造成跨文化交流的失败。值得注意的是，在跨文化交流中，语言上的错误往往容易被别人谅解，由文化差异所引起的错误往往比语言性的错误更为严重，难以得到别人的谅解。传授文化知识的目的在于培养学生的跨文化意识，使学生能够自觉地按照英语的文化习惯使用英语进行交流。如果忽略或轻视了跨文化意识的培养，就会造成只教授语音、语法规则、词汇这些纯语言知识，从而影响学生的语用能力，使学生不能正确地运用英语进行交流，英语语用不符合英语社会的文化性常规的局面。

第四章 英语的主要教学模式

教学模式是通过对教学目标的分析和评估，以及采用不同的教学策略和手段，来实现教学目标的过程。这些模式包括：传统的教学模式、探究型教学模式、任务型教学模式和多模态教学模式。

第一节 教学模式现状分析

教学模式是一种具体的教学理论，它可以帮助教师更好地实现教学目标，并且可以根据不同的教学内容和实际情况来选择最合适的模式。它既具有多样性，又易于操作，是教学实践的重要组成部分。

一、学界对于教学模式定义的研究现状

（一）国外学界相关研究综述

近年来，美国教学研究者布鲁斯·乔伊斯（Bruce Joyce）和玛莎·韦尔（Marsha Werl）出版的《教学模式》一书为我国教学模式研究带来了重要的启发，他们深入探讨了当前流行的各种教学模式，并且提出了一系列有效的改进建议，使教学模式成为当今教育研究的热门话题。然而，关于教学模式的定义，国内外学者的看法存在显著差异。

乔伊斯和韦尔是国外最具影响力的教学模式定义者，他们将教学模式定义为一种有效的课程设计、教学内容选择、教师指导及学习活动的系统性规划。事实上，教学模式不仅仅是一种计划，它更多的是一种教学思想或理论，而"范型"或"计划"只是将这些理论简化为一种外在表现，而不是一

种真正的教学模式。

美国两位著名的比较政治学者比尔（James Bill）和哈德格雷夫（Robert Hardgrave）在研究一般模式后，将其定义为：模式是一种理论性的、简化的形式，它可以帮助我们更好地理解现实世界。他们的模式定义有三个要点：第一，模式是现实的再现，也就是说，模式是现实的抽象概括，来源于现实；第二，模式是理论性的形式，也就是说，模式是一种理论，而不是工艺性方法、方案或计划；第三，模式是一种可以帮助我们更好地理解现实世界的方法，而不是一种可以被改变的方式。模式是一种精心设计的理论形式，它以简洁明了的方式表达出来。比尔和哈德格雷夫的模式定义更加科学地揭示了模式的本质，因此值得我们借鉴。

（二）国内学界相关研究综述

在国内学者看来，教学模式的定义有三种：第一，认为模式是方法的一种，它是多种方法的综合体；第二，认为模式与方法有着密切的联系，但也存在差异；第三，认为模式与"教学结构功能"范畴有着密切的关系，它是一种空间结构和时间序列，在不同的时间、地点和条件下表现出来的模式。教学模式是一种基于教育理念的主观选择，它反映了教师对教学内容的深刻理解和把握。

尽管上述教学模式定义可以反映出教学模式的本质，但它们仍然缺乏科学性。第一种定义与乔伊斯和韦尔的定义存在着相同的简单化缺陷，即它们忽略了教学模式的复杂性。而第二种定义则更加强调了模式与方法之间的关联，但它们并不能完全代表教学模式的真正含义。第三种定义更加深入地揭示了教学模式的本质，即它的结构和功能，但它并不是一个完全科学的定义。

对于教学模式的定义，目前国内的研究表明，可以将其划分为五种：第一种是方法，它涉及多种教学手段，如传统的教学方法、课堂教学、实践性教学等。第二种是综合性的，它涉及多种教学手段的综合运用，如课堂教学、互动式教学等。第三种教学模式和"教学结构"范畴之间存在着密切的联系，但也存在着明显的差异，它们以不同的空间结构和时间序列呈现，以满足特定的需求。第四种教学模式旨在通过深入探索、精心构思、有效执行，构建一套更加稳健的、更具有针对性的教学流程，从而更好地满足学生的需求。第五种教学模式则更加注重实践性，通过有效的设计与组织，将知识传授给学生，从而提升学习效果。教学模式应该被视作一种教学流程，它可以分为"策略体系"和"教学样式"两种类型。其中比较典型的提法是"教学过程的模式，简称教学模式，它作为教学论里一个特定的科学概念，指的是在一定教学思想指导下，为完成规定的教学目标和内容，对构成教学的诸要素所设计的比较稳定的简化组合方式及其活动程序。"学者们认为，教学模式是一种复杂的结构，它涉及到教师、学生和教材三者之间的关系，从广义上讲，它是指事物之间的组织规律和形式。而从狭义上讲，它指的是教学过程中各个阶段、环节、步骤等要素之间的组合关系，它们之间的关系是相互联系的，并且可以通过不断的调整和优化来实现。通常，人们在使用这一概念时，会从后者出发来理解它。结构说的典型提法是"把模式一词引用到教学理论中来，旨在说明一定教学思想或教学理论指导下建立的各种类型教学活动的基本结构或框架"。

第一种观点把教学模式和教学方法混淆了，但实际上它们各自具有独特的内涵，不能混为一谈。第二种和第三种观点都没有足够的科学依据来证明教学模式的本质，因此无法得出有效的结论。第四种观点不具有科学性，因为它没有清楚地指出教学模式是什么，也没有提供明确的定义。第五种观点会让人产生错误的认识，即教学论就是教学模式。美国人提出的教学模式存在着严重的混淆，这种做法显然是不科学的。因此，在确定教学模式的概念时，应当结合逻辑学的原则，同时也要借鉴系统论等新的科学研究成果，深入探索古今中外教育史上的教学模式发展规律，汲取现代教学模式理论的精华，并结合实践经验，以便更加准确地给出一个适当的定义。

二、常见的教学模式应用现状

（一）传递—接受式的教学模式应用现状

德国著名教育家赫尔巴特的四段教学法是一种具有深远影响的教学模式，但后来被苏联学者凯洛夫等人改造并引入中国。如今，这一教学模式已经在我国普及开来，许多教师都会不知不觉地采用它来提高教学质量。这种模式旨在通过传授系统知识和培养基本技能来提高学生的学习效率，并充分利用他们的记忆力、推理能力和间接经验来帮助他们更快地掌握知识。它强调教师的指导作用，认为知识应该是一种双向的传递，并且非常重视教师的权威性。

行为主义心理学认为，通过反馈和强化的循环，学习者可以有效地控制自己的行为，从而达到预定的目标。斯金纳的操作性条件反射理论也为这一理论提供了重要的支持。

1. 形成的教学基本程序

这种教学模式的基本步骤是：复习旧课，激发学习兴趣，讲授新知识，巩固练习，检查评估，定期复习。复习旧课旨在加强记忆，深化理解，增强知识之间的联系，并将知识进行系统整理。通过设置有趣的情景和引入活动，激发学生的学习兴趣，是教学过程中最重要的一环。教师应该以讲授和指导为主，学生则要遵守纪律，跟随教师的节奏，按部就班地完成教师布置的任务。通过课堂和家庭作业，学生可以巩固所学知识，并运用它们解决实际问题。

定期复习则有助于加深对知识的理解，并对学习效果进行评估。

2. 教学原则及其效果

教师应该根据学生的知识水平和认知能力，对教学内容进行深入分析和整理，使其与学生的实际情况相符。教师应该发挥主导作用，在传授知识时要有良好的语言表达能力，并能够及时发现学生在学习过程中遇到的问题。

学生可以在短时间内接收大量信息，这有助于培养他们的纪律性和抽象思维能力。然而，这也带来了一些问题，例如学生很难真正理解所接收的信息，导致他们形成了单一化和模式化的人格，不利于他们的创新思维和解决实际问题的能力。

使用讲解性内容来教学可以帮助学生在短时间内掌握知识，但是不能一成不变地采用"满堂灌"的教学模式，这样会导致学生缺乏思考能力，从而培养出一大批没有思想和主见的学生。

（二）概念获得的教学模式应用现状

这种教学模式旨在帮助学生通过实践来掌握知识，并培养他们的思维能力。它基于布鲁纳、古德诺和奥斯丁的认知心理学理论，强调学习是一个认知结构的演变过程。他们认为，分类是一种将复杂的世界简化和系统化的方法，它可以帮助我们更好地理解它。布鲁纳指出，概念是基于观察而形成的，它们可以是抽象的、有意义的，也可以是具体的。在构建概念的过程中，我们应该特别关注事物之间的相似性，而忽略它们之间的差异。在确定概念的时候，我们需要考虑五个要素：名称、定义、属性、例子，以及它们之间的关联。

1. 形成的教学基本程序

概念获得模式包含一系列步骤：第一，教师选择和界定一个概念；第二，确定概念的属性；第三，准备肯定和否定的例子；第四，将学生引入概念化过程；第五，展示例子；第六，学生概括并定义；第七，提供更多的例子；第八，进一步研讨并形成正确概念；第九，概念的运用与拓展。

2. 教学原则及其效果

通过"归纳-演绎"的思维模式，学校教育的基本任务之一是帮助学生有效地理解概念，并通过实例来帮助他们发现概念之间的共性，以及它们与其他概念的本质区别。学生在掌握概念之后，需要从内涵、外延、属、种、差别等方面进行深入的探究，以便更好地理解概念。为了更好地加深学生对概念的理解，可以将其与相关的、逻辑上的概念、相对应的概念等进行比较，以便更好地把握概念的本质。学习的目的在于将所学知识运用到实际生活中，通过实践可以检验学生对概念的理解程度，从而及时采取有效的补救措施。

通过学习概念获得模式，学生可以培养出归纳和演绎的能力，从而形成清晰的概念，并且培养出严谨的逻辑推理能力。在教授概念性较强的内容时，教师应该在课前对概念的内涵和外延进行全面的梳理，以便更好地掌握知识。

（三）范例教学模式应用现状

瓦根舍因（Martin Wagenschein）提出的范例教学模式是中学思想政治课教学中最基础的内容之一，它能够帮助学生更好地理解原理和规律性知识，并且能够从个别到一般、从具体到抽象的过程中获得更深刻的认知。通过分析一些典型案例，可以更好地理解原理和规律，并逐步提炼出来进行归纳总结，最终实现迁移整合。

1. 形成的教学基本程序

通过范例教学，学生可以从个案中获取有关规律原理的知识，并将其运用到实践中去，从而更好地理解和掌握这些普遍性的规律和原理。范例教学的基本过程是：从个案中挖掘出规律原理，然后将其应用到类案中，最终形成一种具有方法论意义的规律原理训练。通过范例性阐明，我们可以用典型的事实和现象来说明事物的本质特征。这种方法可以帮助我们更好地理解事物的本质，并且可以通过类案来更深入地探究它们之间的联系。通过范例性掌握规律原理，可以从大量的类案中提炼出有价值的结论，在总结归纳的过程中，要求学生准确地表达规律或原理，并且清楚地把握其名称。此外，学习规律原理的目的和意义在于运用，因此教师应该让学生深入理解规律、原理的方法论意义。为了更好地了解学生对规律和原理的掌握情况，并获得反馈信息，训练学生运用这些知识是必不可少的。

2. 教学原则及其效果

通过范例教学，学生可以从个别人的经历中获取启发，将其归纳成类，然后从类中提炼出本质特征，最终深入理解规律与原理，从而培养学生的分析能力和原理意识。教学应该重点关注社会科学中的一些原理和规律，并通过具有代表性的范例来激发学生的兴趣。

（四）自学辅导式的教学模式应用现状

自学辅导式的教学方法是通过在教师的指导下，让学生独立完成任务。这种方法能够帮助学生培养独立思考的能力，并且许多教师都在使用它。这种方法基于建构主义和人本主义的理念，重视培养学生的主动性，旨在提高他们的学习能力。通过这种教学模式，鼓励学生自主学习，并且给予他们个性化的指导。我们认可学生在学习过程中的尝试与失败，以培养他们独立思考和自主学习的能力。

1. 形成的教学基本程序

自学辅导式教学程序是一种有效的学习方式，它通过让学生自主学习、讨论、交流和总结来帮助他们更好地理解新教学内容。教师会根据学生的学习情况，布置一些有关新教学内容的学习任务，让学生在完成任务后进行交流讨论，发现自己遇到的问题，并给予指导和启发，最终通过练习巩固所学知识。

2. 教学原则及其效果

通过自学，学生可以掌握一定的知识，但是教师也应该在教学过程中给予适当的指导和帮助，以培养学生的分析问题、解决问题的能力，激发学生的自主性和创造性，并培养他们之间的合作精神。然而，如果学生对自学内容缺乏兴趣，他们可能在课堂上毫无收获。因此，教师需要敏锐地观察学生的学习情况，并在必要时采取措施激发学生的学习热情。为了更好地适应不同学生的需求，教师应该选择难度适中且学生感兴趣的内容进行自学。此外，教师还应具备高水平的组织能力和业务能力。教师应该尽量避免过多地讲解，而是要注重启发学生的思维。

（五）巴特勒的自主学习模式应用现状

20世纪70年代，美国教育心理学家巴特勒提出了"七段"教学论，它将教学的七个要素有机地结合起来，并在国际上产生了深远的影响。

1. 形成的教学基本程序

教学过程包括：创建情境、激发学习动机、组织教学、应用新知识、检测评估、巩固练习和拓展迁移。情境指的是学习过程中的内部和外部环境，其中内部环境反映了学生的认知特点，而外部环境则由个体差异、元认知和环境因素组成。动机是学习新知识的最重要的驱动力，它包括情绪体验、注意力集中、区分能力和意图。组织则是将新知识与旧知识联系起来，它包括相互联系、联想、构思和建立模型。应用是一种尝试性的学习，它包括参与、实践、体验和结果；而评价则是一种对学习成果的反馈，它包括提示、比较、给出价值、选择等。重复则是一种练习和巩固的过程，它包括加强、练习、形成习惯、遵循常规、记忆和遗忘等多个方面。

拓展意味着将新的知识应用于现实世界，这包括扩展、转移、整合和综合。

2. 教学原则及其效果

巴特勒认为，通过信息加工理论，元认知的调节是非常重要的。他建议使用学习策略来处理学习任务，并最终生成学习结果。在使用这种方法时，教师应该经常提醒学生反思自己的学习行为。教师需要综合考虑各种步骤的组成要素，并根据实际情况进行重点调整。这种教学模式适用于各种教学内容，可以根据需要灵活运用，以达到理想的教学效果。这种教学模式需要一位具有深厚教育学和心理学知识的研究型教师，他们应该熟悉元认知策略，并能够灵活运用这些知识来指导学生。

（六）发现式的教学模式应用现状

作为一种严格意义上的教学模式，发现式教学模式是美国著名心理学家布鲁纳于20世纪50年代首先倡导的。发现式学习是以培养学生探索知识、发现知识为主要目标的教学模式。由于布鲁纳的倡导使得发现式教学模式引起了从事教育工作的人们的高度关注和重视。发现式教学模式的主要理论依据是认知建构主义学派的建构原理与顿悟学说，这种模式最根本的特点在于让学生像科学家一样通过发现来体验知识产生的整个过程。

1. 形成的教学基本程序

该模式的基本教学程序是：提出要求—做出假设—创设情境—指导帮助—检验假设—得出结论。提出要求是为了使学生明确发现目的，运用发现式教学首先需要给出"发现"的明确任务和目标。做出假设是为了使学生明确思考方向。创设情境是为了使学生发现所面临的矛盾，激起学生求知探索的动力。在提出要求，做出假设后，需要进一步设置情境，激发学生对"矛盾"的认识。然后，指导学生根据案例整理资料、罗列证据、发现结论、归纳总结。在此基础上，将发现的结论与事实材料结合，帮助学生加深理解。发现式学习的最终目标是帮助学生将发现获得的知识应用于实际，这个环节是发现教学法的升华，也是一个后续的要求。

2. 教学原则及其效果

发现式作为一种教学模式，无论是教学过程，还是教学目标，更多关注的是学生的学，这种意义下的"发现学习"以学生的自主探索、合作学习为主要特征。在学习过程中，学生基于原有的认知基础上，其元认知、动机、行为都被调动起来，使学生积极有效地参与，能力得到提高。

这种教学模式旨在培养学生的探究精神，让他们从已有的知识和经验中提炼出新的概念，发现事物发展变化的规律，并培养他们的科学思维能力和创新精神，以及掌握科学研究的方法。通过发现，我们可以激发学生的内在动机，唤醒他们对知识的热情，并帮助他们掌握解决问题的技能。但是，这一教学模式的局限性在于在实施的过程中比较费时费力，需要较多教学时间，课堂教学进程会受影响。

此外，还有其他客观条件限制等原因，使发现式教学的适应面窄。

在使用发现式教学法时，要特别注意创设问题情境，使之生活化、趣味化、创意化，激发学生想象力与探求欲。同时，利用小组合作学习，营造良好的互动氛围，同时提高课堂教学效率。此外，还要关注探究过程中创造性思考、态度、技能的评价，调动人人参与是有效教学的本质要求。为此，教师要准备充分适当的教育教学资源，充分适用多媒体辅助教学，增强直观性，恰当地引导和组织学生进行有效探究，有利于探究活动的开展。

（七）合作式的教学模式应用现状

20世纪70年代初，美国开始推行合作式学习，这种教学理念和策略在70年代中期到80年代中期取得了巨大的发展，不仅改善了课堂的社会心理氛围，而且还大幅提升了学生的学业成绩，促进了他们形成良好的非认知品质，因此迅速受到世界各国的关注，并成为当今教育界最受欢迎的教学改革之一，也是教育界近些年来最具影响力的教学模式。

合作式教学模式主要基于社会建构主义学习理论的一个分支——目标结构理论。目标结构理论是美国社会心理学家多伊奇（Morton Deutsch）1949年在另一位社会心理学家勒温（Kurt Lewin）的群体动力学理论的基础上，从目标结构角度提出的关于合作与竞争的理论。多伊奇认为，在团体中社会活动的目标结构主要有三种类型：合作型、竞争型和个体化型，也就是通过相互促进、对抗和独立的方式，个体的心理过程和行为方式会发生显著的变化，这些变化可能会影响到个体的未来发展。依赖是个体间互动的重要因素，正向的依赖可以促进积极的互动，而负向的依赖则会导致消极的互动。在团体中，由于奖励机制的不同，个体之间的互动方式也会有所差异，而无依赖的情况下，则没有互动产生。多伊奇在实验研究的基础上发现，合作小组更有利于实现积极合作、行动分工、关注同伴的表现，小组作品和讨论的品质也较高，而竞争小组的表现并未增加学习的投入和兴趣。

从这些研究结果中他做了以下结论：良好表现和组织生产力，源自合作的互动关系，合作比竞争能产生更多的人际互动。为了某种外在的目标而采取竞争时，团体的和谐和效率会中断。合作学习强调了合作的重要性，但也不忽视竞争和个人活动的价值，它们被纳入教学过程，使得它们相互补充，互相促进，共同推动学习的发展。多伊奇合作与竞争的理论丰富了后来合作学习研究的基础。

1. 形成的教学基本程序

合作式教学模式可以多种不同的形式进行，合作式学习方法也有很多种，没有一种统一或规定的程序。学生可以在一起讨论问题，一起解决问题，一起寻找问题方案等。在我国，合作学习的基本流程可以概括为：合作设计、目标呈现、集体讲授、小组合作活动、测验和反馈补救。教师的授课是合作学习策略中不可或缺的一部分，但是课堂讲授应以合作设计为基础，力求简洁明了，时间短而效率高，能够为接下来的小组活动留出充足的时间。通过小组合作学习，学生可以在教师的指导下进行自主学习，并通过操作、实验等活动来提高自己的能力。这种方式不仅能够帮助学生更好地理解知识，还能培养他们的团队合作精神。教学过程中，学生应该主动参与，而教师只是提供指导和引导，使学生成为教学的核心。

2. 教学原则及其效果

通过合作学习，学生可以主动参与并发展，而教师则需要提供外部激励和培养。合作学习强调学生的主体地位，但也要求教师以自身的主导作用为基础，激发学生的认知、情感和动机，营造一个充满民主、和谐、愉悦和思维智慧的学习氛围，让师生共同参与、共同成长，从而最大限度地发挥学生的主体性，促进他们的主动参与和发展。合作学习需要教师以学生为中心，全面考虑学习过程，设计出能够让学生全程参与的课程和内容，让他们能够自主学习，真正成为学习的主人。

通过多种形式的小组活动，如观察、操作、实验和语言交流，学生不仅能够学习到相关的知识和技能，还能培养出良好的人际交往能力、合作精神和竞争意识，激发他们的自主学习和探索精神，提升他们的综合素质。但是，合作学习有其适用的条件，它并非适用于所有的学科和所有的学习任务，这就需要教师在设计合作学习的任务时进行甄别和选择。此外，这一教学模式在实施的过程中比较费时费力，需要较多教学时间，课堂教学进程有可能会受影响。

在教学中，并非所有的教学内容都适合合作交流，教师要选择探索性较强的、较为开放的问题进行合作学习。在实施合作学习之前，教师必须向学生讲明需要掌握的知识和技能，也就是合作学习的目标要明确。同时，教师事先必须对每个学生的能力有一个正确的估计，保证每一个成员在合作学习的过程中都能够承担自己力所能及的任务。此外，教师应该确保每个小组都能够通过互相合作完成学习任务，让学生感受到在这个团队中每个人都是不可或缺的一部分。最后，教师还应该对在合作学习中获得成功的小组和成员进行认可表彰，给予正面的反馈意见。

在实际教学中使用的教学模式的种类数目众多。由于篇幅所限，我们在这里只选择了其中一些具有代表性的教学模式进行介绍。教学模式是一种以教学理论为基础，结合实际情况，通过归纳总结出的教学方法、步骤、手段等，具有典型性、稳定性和可操作性的教学模式。它涵盖了课程设计、教学原则、师生互动、教学过程等，旨在帮助学生更好地掌握知识，培养学生的创新能力，提高学习效果。

我们应当意识到，一种教育模式可以包含多种教学方法，但它们并非一成不变的固定模式，而是一个具有弹性和可持续性的框架，因此，在教学过程中，应当根据实际情况灵活运用各种教学手段。

第二节 探究式教学模式

20世纪80年代，随着"问题学习法"和"探究学习"的出现，探究学习的理念在全球范围内得到了普遍认可，这一理念源于杜威（John Dewey）在1933年提出的"问题学习法"，并在1961年由施瓦布（J. J. Schwab）提出。随着探究性学习的普及，它已成为全球教育改革的一个重要特征。不仅仅是探究性学习，而且它也成为了课程内容的基本要求，被广泛应用于各个国家的教育体系中。探究式教学以问题解决为中心，注重学生的独立活动，着眼于学生的思维能力的培养。

一、探究式教学的内涵、特征与意义

（一）探究式教学的内涵

探究式教学，也称发现法或研究法，是一种以学生为中心的学习方式，通过阅读、观察、实验、思考、讨论、听讲等多种途径，让学生自主探索，发现概念和原理，并运用所学知识去解决问题，从而更深入地理解和掌握知识的一种有效方法。在教师的指导下，以学生为中心，鼓励他们自主探索，掌握解决问题的方法和步骤，深入研究客观事物的特性，发现其发展的原因和内在联系，从中提炼出规律，形成自己的理论体系。通过探究式教学，学生的主体地位和自主能力得到了显著提升，这种教学方式以探究为核心，其内涵涵盖了两个层面：第一层是探究性学习，第二层则是探究式学习。

随着当今国际科学教育改革的不断深入，探究（inquiry）已成为最受欢迎的关键词之一。英文"inquiry"源自拉丁文的"in"或"inward"，它指的是在……之中进行质询和寻找的过程。《牛津英语词典》将探究定义为一种寻求知识、信息、真理及解决问题的活动，它包括搜寻、研究、调查、检验、提问和质疑等。探究的本意在于探索、探讨、追溯、深入挖掘，以期获得更深层次的认识。探究式学习是一种以实践为基础的学习方式，它以实际案例为基础，通过探究、实践、反思等活动，深入理解科学知识，并将其运用到实践中去。美国国家研究理事会提出，学习科学性问题的活动包括：提出问题，学习者需要围绕这些问题进行探究；收集数据，学习者需要获取有助于解释和评价这些问题的证据；形成解释，学习者需要根据事实证据来形成解释，并对这些解释作出回答；评价结果，学习者需要通过比较其他可能的解释，使解释与科学知识相联系；表达结果，学习者需要阐述、论证和交流他们提出的解释。

以探究为基础的学习或者教学，指学生通过自主参与获得知识的一种积极的学习过程，是让学生自己思考怎么做，甚至做什么，而不是接受教师思考好的现成的结论。因此，探究式学习既是一种学习方式，也是教育教学的目标之一。

探究式教学是一种以实践为基础的教学方法，它鼓励学生从不同角度深入探究学习内容，并通过多种研究方法来寻求答案和解决问题。这种方法有助于提高学生的学习效率，促进教学的发展。通过探究教学，学生可以以自主、主动的方式掌握知识，培养能力，学习科学方法，形成科学态度和精神。因此，探究教学的实质就是通过提出科学结论和检验科学结论的方式，让学生理解所提出的观念和实验，并将这些资料转化为科学知识，从而更好地理解科学知识。

（二）探究式教学的特征

研究表明，学习不是一蹴而就的，而是需要从学生已有的经验和知识中汲取精华，以激发他们的学习积极性和主观能动性。因此，教师应该以学生的实际情况为基础，结合认知理论，达到最佳的教学效果。

探究教学旨在培养学生的科学探究能力，它不仅仅是让学生通过演示实验或学生实验来验证结论，而是让他们通过观察、调查、制作、收集资料等多种活动，亲身体验知识的获取过程，从而建立起对新事物的新认识，并培养出良好的科学探究能力。通过多样化的活动情境，学生可以从不同角度深入理解知识，建立起知识之间的联系，从而更加有效地运用所学知识来解决实际问题，提升学习效率。只有通过积极主动的学习方式，才能真正激发学生的学习热情，并让他们获得更多的知识和技能。

在教学中强调过程和结果的重要性。一方面，要求学生在教师的指导下，主动探究事物和现象，通过探究过程来理解知识的内在联系，从而达到灵活掌握和运用知识的目的；另一方面，也需要教师将知识与科学方法有机结合，让学生在掌握知识的基础上，通过观察、调查、假设、实验等多种形式的探究活动，收集信息和分析信息，从而获得自己的探究结果或制作出自己的作品，以提高学生的创新能力和实践能力。通过培养学生的科学精神和态度来提升他们的能力。

探究教学强调将学习成果转化为实际应用，以培养学生的实践能力。它不仅能够帮助学生综合运用所学知识，而且能够跨越学科界限，解决复杂、综合性的问题，使学生更加接近实际生活和社会，从而更好地掌握知识，并能够有效地运用它们解决实际问题。

探究教学的评价应该更加注重形成性评价和学生的自我评价，以此来衡量学生的学习情况，包括：是否掌握了基本的概念，是否能够灵活地运用知识解决问题，是否能够提出有效的问题，是否能够制定有效的探究计划，是否能够准确地分析和处理收集到的数据和证据，以及是否能够准确地判断出证据是支持还是反对自己的假设。仅凭终极评估很难达到预期的目标。探究式教学不仅强调终结性评估，更加注重对学生的形成性评估，比如每日的笔记、撰写的报告、绘制的图表、与学生的面对面交流、学生就某个问题的解释等，从而更好地了解学生的学习情况，以及他们的科学推理能力。评估学生的学习表现是探究教学的重要组成部分。通过定期评估学生的学习情况，包括使用的方法、解释的准确性、对知识的理解程度等，可以帮助他们更好地掌握知识，并有助于实现学习目标。

探究式教学法强调师生互动，以学生为中心，鼓励他们自主探究，积极参与各种活动，从而获得知识。然而，学生的自主探究与教师的指导并非完全对立，而是相辅相成的关系，教师在尊重学生选择的基础上进行指导，学生则在教师的指导下进行自主探究，从而实现学习的有效性和深度。

（三）探究式教学的意义

探究式教学是一种更加灵活的教学方式，它不仅可以满足改革者的心理需求，而且还可以帮助学生更好地掌握知识，激发他们的创造力，培养他们的实践能力，从而使他们在未来的学习中获得更多的成就感。目前，我国教学改革的宗旨主要有三点：一是打破传统的教学模式，让学生在探索中获得更多的知识；二是坚持以人为本的理念，让学生在学习中得到最大的发展；三是根据教材提供的基础知识，让学生在实践中成长。如果我们能够坚持不懈地探索新的教学模式和方法，那么改革就会取得显著的成果。实践证明，探究式教学是一种极具吸引力的教育模式，它可以满足教育改革者的多样化需求。

探究式教学能够为班级教学注入新鲜血液，提高效率。在科技发达的今天，班级授课的优势更为突出，而在远程教育和网络教育的今天，它的缺点更为明显。因为它会抑制学生的个性，无法根据学生的特点进行教学。采用探究式教学，一方面要尽可能减少教师的讲授，另一方面要满足学生自主发展的需求；此外，还要让学生在活动中学习，在主动中发展，在合作中增知，在探究中创新，以实现最佳的学习效果。

通过探究式教学，"自我中心"可以得到有效的解决，而"自我发展"则需要教师的积极参与。然而，课堂教学改革的困境，很大程度上源于教师的"自我中心"观念的僵化，以及长期以来的懒惰态度。现代教育理念的挑战在于如何改变传统的教育方法。为了实现这一目标，教师需要不断地学习、总结、借鉴他人的经验，并且要从学生身上获取启发。通过探究式教学，教师的角色将发生重大的变化，从"台前"的教师转变为"幕后"的教师，并最终成为"导演"的教师。

安排好适当的场景，引发学生的学习动机，使学生从观众变成实际的参与者。

二、探究式教学模式与高校英语学科的结合

（一）探究式教学模式在高校英语学科中应用的可行性

探究式教学模式在高校英语课中的应用是一种时代发展的体现，它不仅有助于提升学生的学习兴趣，还能够促进课堂氛围的营造，培养学生的主体性和创新意识。

1. 激发学生学习兴趣

高校英语课程的知识体系非常复杂，学生在接受知识时容易出现偏差和吸收能力差等问题。此外，由于缺乏实际语境，高校英语教师很难及时转变教学角色，仍然采用传统的灌输式教学模式，教师通常扮演主导者的角色，学生参与互动性较低，导致一些高校英语课程难以顺利进行，学生对知识的掌握程度也不够理想。探究式教学模式让学生在高校英语课堂上发挥主导作用，教师扮演引导者的角色，让学生在学习的同时也能思考。这种方式改变了传统的教师主导模式，使教师与学生之间形成多元互动，从单向灌输知识转变为双向互动。教师应该以实事求是的态度，结合学生的知识背景和能力水平，确定课程主题，让学生在自己感兴趣的领域进行探究，通过独立搜集资料、小组合作学习、实践调查、总结思考，最终得出结论。通过这个过

程，学生们可以从兴趣出发，提高理论应用能力，激发内在积极性和探究精神。

2. 使学生形成问题意识

思考是创新的基础，没有问题就没有创新。在高校英语探究式教学模式中，教师不再是传授知识的人，而是创造问题情境的人。学生成为主导者，在学习过程中自己发现问题，提出问题，并通过小组合作解决问题。通过这一过程，学生们发现了问题，并且解决了这些问题，这样他们就能够充分发挥主体能动性，不仅加深了对知识的理解，还培养了问题思维能力。例如，在讲授高校英语中的"Teaching Vocabulary"这一章节时，教师可以通过课前布置的问题让学生预习，并提出自己的疑惑，这样可以帮助学生更好地理解课程内容，并提高他们的学习效率。在课堂上，教师会根据学生的提问和解释来拓展他们对单词的理解，从而使他们能够更好地理解书本中的知识。通过将书本中的单词与现实生活联系起来，教师可以创造情境，提出问题，让学生在实际生活中感受英语单词的真实含义，并通过实地调查研究来获取知识和验证理论，从而巩固所学知识。教师在这一过程中，不仅要提出多种问题，而且要积极回答学生的疑惑，引导他们关注实际问题，培养他们的调查实践能力，从而激发他们发现问题的兴趣，激发他们进行科研探究的热情，这对于学生的发展具有重要的意义。

3. 培养学生的合作能力

多伊奇提出了一种新的概念目标结构理论，它建立在勒温的群体动力学理论的基础上，指出团体中，每个成员都有自己独特的奖励机制，从而促使他们在实现自身目标时，采取不同的行动。多伊奇认为，三种不同的学习方式可以对个体的心理和行为产生重要的影响：相互促进、对抗和独立。与传统教学模式相比，探究式教学模式更加重视学生的自主学习能力和合作探究能力，而不仅仅是期末考试的成绩。"探究式教学是以学生独立自主学习和合作讨论为前提，让学生通过个人、小组、集体等多种解难释疑尝试活动，将自己所学知识应用于解决实际问题的一种教学形式。"

通过探究式模式的教学，学生可以更好地适应社会的发展，并培养出满足社会需求的人才。合作学习的交往比竞争的交往更为重要，这一理念的引入标志着一次重大的教学变革，它不仅满足了当今时代的需求，而且也为现代教学系统的未来发展指明了方向，为教学理论研究开辟出了一片崭新的天地。

（二）探究式教学模式的实践要素

探究式教学模式与传统教学观念大相径庭，它强调教学过程中教师和学生之间的互动，以学生为核心，教师要发挥主导作用，学生则要参与到学习过程中，从而实现教学的有效性。

1. 教师的身份认同

教师不仅仅是传授知识的传授者，他们还要引导学生思考，传授知识，组织讨论，并在与学生的互动中提供答疑服务。他们需要不断学习，从学生那里获取新的知识，并能及时反馈和更新。教师具有双重身份，能够更好地从学生的角度出发，发现问题并寻求解决方案。

因此，探究式教学对教师的专业能力提出了更高的要求。在这种教学方法中，教师的专业能力是至关重要的，他们需要不断改进教学理念，深入理解课程内容，准确把握学生的需求，并能够有效地设计情境模型，控制教学过程。这需要他们具备系统的知识储备和敏锐的洞察力。探究式教学旨在帮助学生发现自身的知识和技能，因此，教师需要清楚地认识到自身的角色，并采取科学、客观的方法，以实现教学目标。

2. 学生的自我认识

探究式教学对学生的影响非常大，它能帮助学生更深入地理解知识。在这种教学方式中，学生会独立思考并分析课文内容、句式和语法，并通过自己的语言表达来收集和整理信息，从而提高自学能力。这不仅能锻炼学生的英语口语能力，还能提高他们的学习效率。随着时间的推移，学生的听、说、读、写能力将得到显著提升，四级和六级英语考试成绩也会有所改善。此外，探究式学习是一种有效的学习方式，它能够提高学生的学习兴趣，并且对他们的学习行为产生积极影响。根据问卷调查，大多数学生都喜欢这种学习方式，并认为它能够显著提高他们的英语水平。因此，应该建立一个科学的考核和评价体系，以引导探究式教学，使其能够更有效地发挥作用。

（三）高校英语课堂探究式教学模式的应用环节

实施探究式教学模式需要教师创建有利于学生学习的环境，并且要注重培养学生的探究精神。教师应该在学生完成探究任务后，及时给予肯定和评估，以帮助学生更好地理解课堂内容，并最终达到预期的学习目标。在探究式教学模式中，教师扮演着重要的角色，他们不仅要创建有利的学习环境，还要提供有效的指导，并对学习成果进行有效的评估。学生则是学习的主体，他们可以通过自主学习或小组合作的方式，深入思考，并运用自己的知识去实现学习目标。采用探究式教学模式在大学英语课堂上的实施，可以通过以下步骤来完成。

1. 提出探究主题和创设探究情景

问题思维理论提出，创新是思维的核心，而探究式教学则以问题情境为基础，旨在帮助学生更好地理解知识，并从中发现规律。通过这种方式，学生可以更加深刻地体会到所学知识，并从中获得更多的启发。为了更好地满足高校英语课程的教学目标和内容，教师应该根据学生的学习能力和个性特点，设计出适合他们的、逻辑清晰的主题，以激发他们的问题意识和创新思维。

高校英语教师应该积极参与课程的探究，不断吸取学生的意见，并结合其他教师的建议，共同设计出有趣的主题和情境，以满足课程教学的目标和要求。

2. 启发学生通过自主探究、分组合作的形式实现教学目标

在探究式教学模式下，教师应该鼓励学生通过分组合作的方式，在确定探究主题后，充分尊重学生的独特性和能力差异，让他们自由参与到调查研究的过程中，而不是强制他们使用统一的探究形式和探究方法。这样，学生才能更好地理解和掌握探究式学习的方法，并有效地实现自身的潜能。这个过程可以通过个人独立完成，也可以通过小组合作来实现。在探究式教学模式下，学生需要通过查阅、探讨和实践，独立确定解决问题的步骤、程序和方法，而教师则要及时给予指导和帮助，以培养学生的自主学习能力、协作能力和团队精神，使他们能够更好地完成探究任务。

3. 合理利用网络环境交流讨论探究结果

随着科技的进步，多媒体技术已经成为教学过程中不可或缺的一部分。特别是在高校英语课程中，通过使用多媒体和互联网等工具，我们可以更好

地帮助学生进行听、说、读、写能力的培养。这些技术可以帮助我们更好地引导学生进行自主学习。通过将网络技术应用于探究式教学模式，学生可以通过网络与同学进行交流，并在讨论过程中及时解决问题。教师也可以在这一过程中提供帮助，为学生创造一个良好的交流学习氛围。通过交流学习，学生不仅能够更好地传递自己的想法，还能提高英语表达能力和合作交流能力。此外，通过网络环境，学生可以在交流中分享讨论结果，以便及时评估学习成果。

4. 引导学生进行成果展示并评价总结探究活动

教学评价是一种重要的教学方法，旨在通过对教师、学生、教学目标、内容和方法等进行评估，来衡量教学活动的整体效果。它不仅可以帮助我们了解教学情况，还可以帮助我们判断教学质量，并采取措施提高教学效果。评价是探究式教学的重要组成部分，在学生完成学习任务后，教师应及时进行总结和评估。在评估过程中，教师不应局限于一种方法，而应采用多种方法，设定多样化的评估标准，以评估学生自主探究的过程和成果。对于表现出色的学生，教师应该给予肯定和赞赏，鼓励他们在今后的学习中继续努力，培养他们的探究、创新和合作精神，帮助他们发现问题，解决问题，并展开自主学习。对于表现不佳的学生，教师也应该给予鼓励，赞扬他们的优秀表现，并鼓励他们下次继续努力，以免打击他们的积极性。探究式教学模式应该重视过程、参与和效果，以便让学生意识到只有通过主动参与并解决问题，才能体现出这门课的价值。因此，评估方式应该注重这些方面的结合，以便更好地反映学生的学习成果。

第三节 任务型教学模式

本节通过叙述任务型教学模式的含义、特点、主要内容和设计任务的原则，分析了在任务型教学模式下对高校学生自主学习能力培养的可实施性和必要性，从而强调英语的学习过程是终身的、自主的习得过程，是引导学习者主动学习、积极实践、提高自身实际运用语言能力的过程。最终能达到培养具有创新精神与实践能力的高素质技能人才的教学目的。

一、任务型教学模式的理论体系

（一）任务型教学模式的内涵

任务型教学是一种重要的语言教学模式，它源于当前交际学的发展。在20世纪80年代，外语教学 Sub-I 通过大量研究和实践，提出了这种模式。这种模式将语言运用的基本理念转化为实际应用，为学生提供了一种有效的学习方式。在"意义至上、使用至上"的教学模式下，学生通过感知、体验、实践、参与和合作等方式，以及完成任务，获得成功感受，这种以人为本的教学方式，以应用为动力，以达成目标为核心，要求学生以有目的的交际活动为目标，在教师的指导下，实现任务的目标。

（二）任务型教学模式的特点

一些国外学者认为，任务型教学模式是交际法的一种新的发展形势，它不仅仅是交际法的替代品，而是一种更加全面的教学方式。它强调学生通过完成真实生活中的任务，来培养他们的英语交流能力，同时也注重培养学生的综合运用能力；任务型教学注重以实际任务为中心，旨在提高学习者的语言能力。它通过改进传统的功能性教学方法，来提升学习者的学习效果。这种教学方法强调学习者在实际工作中的应用能力，并且注重培养学生的语言技能。

二、任务型教学模式的可实施性分析

（一）教学内容的设定

在英语教学中首先要设定任务的目标，即通过让学习者完成特定任务，我们希望能够帮助他们提高自信心，解决交流问题，并培养写作技巧。此外，我们还希望学习的内容能够与现实生活相关，让他们能够在真实的情境中感受语言，而不仅仅局限于教材。为了更好地提升教学效果，我们需要根据教学材料设计多种多样的教学活动。这些活动应该从简单到复杂，从容易到困难，互相联系，逐步深入。我们可以采用一种从初级到高级的循环，每一步都包含一个"任务链"，以便让教学更有层次感。

通过任务型教学模式，可以根据学生的英语水平来设计不同的任务活动。这种教学方式强调学生的主导地位，鼓励学生与其他学习伙伴合作，共同完成任务。这种学习方式注重反思、启发和自我检视，有助于激发学生的学习积极性和主动性，培养他们的问题解决能力，并促进他们的认知策略的发展。通过培养学生的合作能力和参与意识，让他们在完成任务时体会到成功的喜悦，从而获得更大的成就感，实现自身的价值。

（二）任务设计的原则

首先，任务的设定要具有真实性和功能性。在"真实"任务设定中，教师应该以真实的生活为输入材料，而不仅仅局限于课堂教材。为了让学生能够更好地理解"真实"，教师应该创造一个新的语言环境，并以学生在该任务中所学到的知识点为基础，提出一个交际问题，以真实的事件或情境作为动力，让学生在完成任务的过程中，运用刚学过的语言知识解决交际问题，从而提高学生的交际能力。通过运用已有的语言知识、策略和技能，学生可以探究如何有效地使用英语。学习者学习英语时，许多人会发现自己的语言表达与实际情境不符，甚至无法正确地表达意义和功能。为了帮助这些学生理解语言的真实性，我们在设计任务时应该注重语言形式和功能之间的关系，让他们在完成任务的过程中感受到语言与实际情境的联系。

其次，任务的设定要具有连贯性。学术界普遍认可"任务依属原则"，也就是说，课堂上的任务应该按照"任务链"或"任务系列"的模式进行，每个任务都要从前一个任务中获得启示，并且与其他任务保持一致，这样，一节课就能够实现多个任务，并且能够达到共同的教学目标。通过一系列有序的任务，我们可以建立一个有效的教学体系，帮助学生逐步实现他们所设定的学习目标。

最后，教学任务的设定要具有实用性、可操作性和趣味性。在英语课程中，不仅要注重打好语言基础，还应该重视培养学生的实际使用语言能力，特别是在处理日常和涉外业务活动时。因此，在设计任务时，我们应该避免为了任务而设计任务，而是根据学生的专业特点和他们未来的就业方向来设计教学任务。应该尽可能为学生提供互动和交流的机会，并利用有限的时间和空间来帮助他们实现这些目标。通过这种方式，我们可以达到预期的教学目标。在英语教学中，任务型教学法是一种有效的方法，它可以帮助学生更好地理解课程内容，并且能够更有效地利用课堂时间。为了避免任务过多和程序过于复杂，应该尽量减少环节，并为学生提供更多的任务履行或操作模式。通过这种方法，我们可以激发学生的学习动机，让他们主动参与学习。因此，应该尽量避免重复的机械任务，而是采用多样化的、富有趣味性的课堂教学方式。

（三）任务型教学的意义

1. 培养学生的独立学习能力和创新精神

通过任务型教学，可以帮助学生培养独立思考的能力，并让他们学会如何合理安排时间，采取有效的策略和恰当的表达方式，以便更高效地完成任务。在这个过程中，教师只是提供一些辅助性的帮助，帮助学生制定明确的学习目标，并设计具体的学习任务。此外，学生还需要具备敏锐的思维能力、灵活的解决问题能力和创新思维能力。通过任务型教学，我们可以培养学生的独立思考能力，并帮助他们养成终身学习的习惯。

2. 培养学生的语言表达能力

传统的教学方式往往会让许多学生感到压抑，导致他们在口语表达方面表现不佳。经过多年的学习，他们也只能读、写英语，无法进行实际交流。相比之下，任务型教学可以为学生提供更多的实践机会，让他们能够更好地表达自己的想法和观点，并增强他们的自信心。当今社会需要更多具有英语能力的人才，因此学生应该多使用英语来表达自己的想法，以提高他们的听、说能力。任务型教学能够帮助学生提高语言表达能力，并让他们感受到学习英语的乐趣，从而更积极地学习。

3. 促进学生英语综合能力的发展

当今社会需要更多具有复合能力的人才，因此学生不仅要掌握"外语+专业知识"的理论知识，还应该将其应用到实际生活中。英语学习包括听、说、读、写四个方面，教师应该重视培养学生的听说能力，而不是仅仅为了提高成绩而忽视这一点。我们应该通过任务驱动的英语课堂教学，来适应新时代的人才培养需求。通过任务型教学活动，我们希望能够帮助学生提高综合语言运用能力，并培养他们积极的情感态度和自主学习能力。我们将通过体验和互动交流等方式,让学生在学习过程中获得更多的乐趣和成就感。

4. 符合学生的身心发展规律

教师应当根据学生的身心发展规律,采用任务型教学方式,以满足学生的学习需求,使他们能够更好地掌握知识,并且能够更好地适应学习内容。此外,任务型教学还强调以学生为中心,注重培养学生的创新能力,以及培养学生的实践能力,从而达到当今素质教育的要求。

三、高校英语任务型教学模式产生的问题

在英语课堂上,任务型教学将语言基础知识转化为实际应用。通过设计符合学生经验的活动,学生可以在完成任务的同时,达到语言学习的目标。这种方法既能够提高学生的学习效果,又能让他们更好地理解语言。然而,在高校的教学实践中,英语教师经常会遇到各种突发情况,具体情况如下。

（一）班级体制问题

目前,许多国内高校采用大班授课形式,一个班级人数通常达到80人,甚至有些班级可能达到100人。由于人数众多,英语课堂管理变得困难,实际教学机会也相对较少。大班授课模式虽然可以让学生更容易地掌握英语,但是由于人数众多,很难细致地关注每一个学生,从而导致学习效率低下。因此,在人数有限的情况下,如何更好地实现多维互动,让学生积极参与到学习中来,成为英语课程教育的重中之重。

（二）教师认识问题

在师生关系中,学生是信息交流的主体,他们的主要任务是学习和交流。为了让学生能够积极参与课堂活动,教师应该积极组织和指导他们,甚至可以成为他们的伙伴。然而,由于教师自身的素质和能力有限,在实际教学过程中,对于任务型教学的理解存在许多偏差和误区。一些教师认为,任务型教育只需要激发学生的主动性和积极性就可以了,因此在课堂上布置任务时,他们会偏离教材内容。这种做法显然是不合理的,因为它不能真正帮助学生理解课程内容。

实际上,许多高校英语教材都已经考虑了学生的兴趣爱好,并且设计了适当的知识结构,使内容更加清晰。然而,英语教师对教材的理解仍然不够

深入，他们只注重课堂氛围，这也表明他们对任务型教学的理解不够深刻。在整体的英语课堂教育中，有些教师经常会把教育活动局限在表面层面，缺乏科学的划分和管理。这会导致学生感到无力，只为完成任务而学习，只为演出而学习，"放得开"却"收不住"。尽管课堂气氛热烈，但实际上却是一片混乱，毫无秩序可言，效果甚微。

（三）学生素质问题

在高校英语任务型教学中，通常采用两人结对或小组活动的形式。然而，在分组过程中，学生们往往会把自己关系良好的同学当作合作伙伴，但这种做法忽略了团队合作的重要性。在任务分配中，由于内向的学生缺乏主动性，他们很少敢于挑战自己，而那些喜欢独立的学生也很少参与其中。这种情况导致小组长的任务过多，任务分配不协调，很少有学生能真正体会到任务型英语教学的氛围。

除了这种情况，还有一些学生不理解教师的分配任务，他们认为教师只是把课程任务交给他们完成，这样他们就会排斥任务型教学。这类学生更喜欢传统的教学方式，而不是任务型教学。总而言之，素质教育的不同会使基础较好的学生取得更大的进步，而基础较差的学生则会面临更大的挑战。

四、高校英语任务型教学模式的应用建议

（一）拓宽高校学生英语学习范围

在高校英语教学中，任务型教学的应用可以帮助学生提升听、说能力。这种教学方法重视教学内容的深度和广度，并且强调语言情境的真实性。通过让学生接触周围的生活资源、社会热点、道德礼仪、网络社交等，可以让他们更好地理解语言，并且避免死板的机械情境设定。将课堂置于一个更加真实、更加宽广的社会环境中，以任务型教学模式来激发学生的学习兴趣，并让他们掌握实际技能。

例如，在高校英语课堂上，我们可以通过讨论"可持续发展""精神文明建设"等社会热门话题来提升听、说能力。我们可以选择一两个具有代表性的、引起网络舆论的、有影响力的案例进行分组讨论。在这个过程中，教师可以帮助学生选择课题，明确课题的任务，并为学生设定学习目标。我们

还可以为学生提供一些准备时间，帮助他们安排人员、收集资料、筹措资金等。最后，我们可以使用高校英语情景剧、广播剧和视频小短片等有趣的方式来展示课程内容。通过英文演绎，将所选取任务的规定内容情境完整地呈现出来，并以英文进行详细的介绍、内容展示和总结性陈述，以便更好地反映出教学过程中遇到的问题、思考和学习心得。教师可以在任务中提供全面的指导和帮助，并随时回答问题。

除了传统的互动性和趣味性的任务形式，还可以选择更具挑战性的个人英语学习任务，如主题演讲、观点讨论和辩论比赛，这些任务既能激发全员的学习热情，又能让英语学习氛围更加浓厚。采取上述策略，可以大大提高学生的英语听、说能力，克服高校英语学习中的瓶颈。这些策略还能将生活中的各种方面融入英语学习，让学生在实际交流中体验到英语学习的价值。随着社会的发展，热点问题的变化应该及时跟进，以便更好地满足学习者的需求，提高他们的交际能力和英语听、说能力。

（二）深化以网络输出为导向的高校英语任务型教学

随着信息技术的发展，高校生已经成为了网络的主要使用者。因此，高校英语教师应该意识到，信息时代为英语教学带来了更多的可能性。新的教学设备和平台为学习者提供了更便捷的学习方式，网络将成为未来高校英语教育的主要媒介。

随着时代的发展，高校英语教学面临着新的挑战。目前，以网络为导向的任务型教学已成为深化高校英语教学改革的重要方法。通过这种方法，学生可以更直观地完成任务，并获得更多的成果。此外，它还能激发学生的学习兴趣，增强他们的自信心。

通过利用当前流行的社交媒体软件，我们可以更好地实现具体的销售目标，特别是针对高校中学习营销、金融等专业的学生。与传统的实体销售相比，网络销售具有更大的发展潜力，也更受年轻人的青睐。通过这次机会，我们可以在英语学习中加入销售直播模拟，以特定情境的物品销售任务为主题，围绕产品的特点、功能和使用方法进行模拟学习。这样，特殊专业的学生就可以通过网络输出来学习英语，并且更加符合未来的社会发展趋势。同时，通过利用网络平台，教师可以在学生之间推广英文短剧的拍摄，这不仅符合当前大学生的社交需求，还能通过主流的网络社交渠道展示学生的英语学习成果，展现个人魅力和创意。同时，这些短片还能结合娱乐性和互动性，满足学生的个性化需求，增强英语学习的时尚感和实用性。

传统的大学英语课程通常是集中授课，缺乏娱乐性和参与性，这与当下高校生的心态相差甚远。因此，这种教学方式往往效果不佳，也无法展现学生在英语学习中的个人魅力。利用网络平台和娱乐方式，我们可以打破传统教学的局限，通过一期一个主题、限制参与人数和拍摄时长、提倡正能量、保持积极向上的精神风貌来完善任务设定。这不仅能满足新时代英语教学的目标和要求，还可以进一步形成以培养独特个性魅力的学生为核心的人才培养道路。通过完成各种网络输出任务或活动，我们可以建立并培养学生的语言学习自信。通过引入网络输出的任务型教学，我们可以在大学英语课堂中进行新的社会实践探索和有效尝试。这种方式注重综合性、体验性和实践性，使学生能够更好地理解和应用所学知识。

（三）培养学生英语综合应用能力和自学能力

英语是一门综合性学科，它要求学生具备听、说、读、写、翻译等多种能力。特别是在高校阶段，我们更加注重培养学生的综合应用能力和自学能力。为了满足这些要求，任务型教学法更为适用，它强调以学生为中心，重点掌握基础知识，同时也注重培养学生的综合运用能力和自主学习能力。

高校英语教学，区别于其他学段的学生英语教学。大学生具有更强的独立学习能力，他们在任务型教学方面的掌握能力和体验感都比其他年级的学生更好。在这种教学模式下，学生不再是教师的辅助工具，而是成为了课堂的核心，教师则扮演着指导者和协助者的角色。教师应该根据学习目标，制定一系列明确的任务，并且给出相应的指导，让学生能够自行组织学习，充分发挥自身的潜力，从而更好地完成任务，同时也可以帮助学生发现问题、解决问题，从而提高学习效率。

举例来看，教师可以通过播放英文原声电影来激发学生的兴趣，并在播放完成后给出相应的学习任务。这些任务包括：探究电影中的对话、情节、人物设定、主题思想和观后感。为了完成这些任务，学生需要按照小组的形式提交书面作业，并在小组中明确各自的职责，最后由一两名学生进行口头演讲。经过这项学习任务的发布,学生们拥有了清晰的目标,因此,他们可以根据自己的兴趣,组建一个小组,进行分工协作,以期达到预期的目标。通过这一过程,不仅培养了学生的团队协作能力、分工精细度、任务分析技巧、资料收集技巧、数据处理再加工技巧,还提高了他们的综合分析能力、英文编写技巧和英语口头表达能力,从而使他们的个人自学能力得到显著提升,同时也促进了学科综合应用能力的发展。在任务结束后,教师应该及时对任务的总体进行评估,并且对于出现的共同问题进行统一的解释和分析,同时给予个性化的指导,以便为下一次任务的完成打下坚实的基础,从而达到任务设定的最终目标。通过不断深入探究学习目标,可以逐渐提高学习任务的难度,使其更具针对性。这样,学生就可以在完成不同的学习任务后,获得学习计划内应有的成绩,并且能够熟练掌握相关知识点。

(四)强化学生英语学习的专业实践感与职业体验感

近年来,传统英语教育面临着一个严峻挑战:它过分依赖于词汇、文本和语法的应试教学,忽视了英语的实用性。许多学生在四、六级考试中表现出色,但在日常交流中却难以适应。这种情况被称为"哑巴英语",因为它缺乏真正的听、说能力和语言、语境的实际适应能力。

通过采用任务型教学方法,我们可以更好地帮助学生应对未来的职业挑战。教师可以根据学生未来的就业方向,综合评估他们可能会遇到的英语对话场景和专业词汇,并通过这些信息来推导出他们更适合的英语学习方向。通过设计与实际就业相关的任务,学生可以在完成这些任务的过程中,大量积累适应未来职业发展的常用词汇和对话。通过丰富学生的英语使用经验,我们可以帮助他们更好地应对职场中的常见情况、突发状况和特定场景,提高他们的专业英语水平,并增强他们的职业体验。

举例来看,为了满足未来医学交流的全球化需求,医学专业的学生必须掌握与之相关的专业英语词汇。然而,由于这些词汇的难度较大,学生们往往会感到乏味。为了解决这个问题,教师可以通过一些有趣的互动游戏来帮助学生们提高学习兴趣,提升学习效率。以人体结构为基础,根据学生的个性特点,将一个班级划分为"构造组"和"疾病组",并使用形象的图片和人体模型来进行分组竞争。教师随机抽取一个人体部位,"构造组"学生需要能够准确地说出该部位的中英文名称，"疾病组"学生则需要能够及时地说出该部位的一些常见病症的中英文名称。"疾病组"的学生可以用英文描述一些常见的人体疾病，"构造组"则可以用中文和英文回答这些疾病易发和多发的部位。一段时间后，两组学生可以进行对调，以确保每个人都能够参与到部位和病症的词汇查找和积累中。这样不仅能增强听、说互动性，还能丰富医学专业英语的趣味性，更容易掌握和表述生僻专业词汇。

再比如，为了提高学生的服务能力，教师可以从专业的特殊性入手，帮助他们适应特定语境并应对突发情况。在实际操作中，可以聘请专业人士来授课，暂时代替教师的角色。通过丰富的工作经验，我们为学生提供了一些实际的工作场景，包括：导游用英语向游客讲解景点；空乘能够满足乘客的需求；酒店管理人员处理酒店内部的矛盾等。学生们可以通过分组角色扮演来学习这些知识。在这个过程中，我们要求学生用英文和汉语分别撰写表演剧本，并与即兴演出相结合。通过这种方式，学生可以更好地了解未来的工作压力和挑战，同时也能更好地掌握职业英语，使用英语来解决问题和处理矛盾，为未来的职业发展做好充分的准备，促进语言词汇的积累和实际运用。

通过任务型教学，为各个专业的学生打下了良好的就业基础。这种方法使得他们对英语的听、说能力更加熟练，并且相信在就业后能够更好地应对问题。总的来说，这种教学方式符合实际语言环境的要求，使得整个教学过程更有趣。

第四节　多模态教学模式

一、多模态理论与多模态教学

在日常生活中，人们通过触觉、视觉、听觉和嗅觉等感官系统与环境内的事物进行信息交流和互动，这种方式被称为模态。一般来说，单一感官系统与环境内事物的交互可以被称为单模态；而双模态则是指两个或两个以上感官系统同时参与环境及事物的交互。

多模态理论起源于20世纪末期，它强调了多种感官，如听觉、视觉、触觉等，通过语言、图像、声音、动作等多种手段和符号资源进行交流的现象。这一理论迅速发展，并引起了国内学者的广泛关注。多模态教学法是一种基于多种语言模式的教学方法。

"多模态教学"是斯坦（Stein）在2000年首次提出的多模态教学理念，它强调通过使用多种符号或模态，如文本、声音、图像等，来实现教师在课堂上的交流，从而更好地传达教学信息和内容。多模态教学旨在通过多媒体环境，让教师能够更有效地使用多种模态，从而更好地实现教学目标。通过多模态教学，让学生的听觉、触觉、视觉等多种感官得到充分的发挥，激发他们的学习兴趣，让他们在多种学习方式中获得最大的收获。这种教学方式不仅注重教学的创新性、趣味性，更重要的是让学生在课堂上参与其中，从而提升教学质量和教学效率。

多模态教学是一种通过多种感官来交流和学习的方法。作为一门语言学科，英语教师需要运用多种感官来激发学生的学习兴趣，提高教学效率和学生的学习质量，帮助他们更好地记忆知识。多模态教学模式是一种非常有效的教学方法，它能够帮助学生更好地理解和掌握英语。为了提高教学效率，培养学生的综合实践能力，大学英语教师应该认真思考并实践这种教学模式，并通过自己的教学实践来合理和科学地运用它，使学生能够更好地学习英语。

二、多模态教学模式下的策略选择

（一）多模态教学模式下的元认知策略

元认知是一种学习策略，它旨在帮助学习者更好地理解和掌握所学知识，并通过计划、监控和调解等方式来实现这一目标。元认知策略可以帮助学习者更有效地完成学习任务，从而提高学习效率。这种学习策略的层次远超过其他两种方法，即认知和社会情感。

通过多模态教学方法，学习者可以从多种渠道获取信息，包括文本+PPT+视频+音频+字幕等，从而更好地安排学习任务，避免单一依靠文本制定计划时可能出现的畏难情绪，从而提高学习效率。

视频+音频+字幕可以为学习者提供学习情境，也就是说通过实际情境或模拟情境，学习者可以更深入地理解文本内容，这种体验式学习方式可以让学习者获得实践经验，并将其与他人分享，从而形成理论，最终将理论应用于实践。学习过程是一个从实践中获取知识的过程，通过观看视频来验证自己的理解。这种方式符合多模态教学的原则，即在观看视频时，学习者可以初步理解文本内容，但随着视频内容的深入，他们会发现自己的理解并不完全正确，从而意识到自己的理解有误。因此，我们需要重新研究文本内容，以获得更准确的语义。

在教学中，教师应根据学生的实际学习水平，选择适当的视频内容，既要与文本内容相符，又能让学生理解并掌握知识，同时也要帮助他们发现自己的不足，并调整学习进度。此外，视频还应具有一定的趣味性，以激发学生的学习积极性。在这种教学模式下，学习策略的使用显然比传统模式更加多样化。不仅要运用视觉形象和声音表象，还要结合身体动作来解读人物肢体语言，以达到更好的学习效果。

通过个人经历和经验，学习者可以更有效地理解视频画面，并加深对文本内容的理解。然而，要想真正掌握单一文本的意义，就需要具备一定的语言知识、百科知识和认知能力，而没有这些基础和能力，就很难理解和掌握具有一定难度的文本。通过视频+音频的教学，学习者可以从肢体语言和实物中获取有意义的信息，而字幕的添加则为视频画面提供了文字解释，使文字意义与动态的画面意义相结合，从而使文字意义的解码不再仅仅依赖于语言知识和相应的认知能力，而是通过具体的情境和场景来实现。在制定学习计划时，除了参考文本，还可以结合视频、音频、字幕，从多个维度评估自身学习能力，制定更加符合自身的学习计划。在学习过程中，要注意文本的意义理解是否准确，是否存在曲解或误解，单一的文本阅读可能无法及时反馈出曲解或误解的地方，即使是通过课堂学习，也要结合语言本身的多义性和歧义性，以及学习者个人的认知能力，来进行更加全面的评估，以便更好地实现学习目标。由于误解、曲解或不准确的理解，这是不可避免的。通过观看视频、实物展示和人物肢体语言的提示，学习者可以与文本理解进行比较，及时发现自己的理解偏差，并进行调整和评价。视频、音频、字幕的结合可以帮助学习者更好地理解文本，更准确地掌握语义。

通过多模态教学，学习者可以从多个角度评估自己的学习能力，制订更符合自身需求的学习计划，完成学习任务。此外，多元化的学习策略是提高学习效率的关键因素，也是衡量学习能力的重要指标。多模态教学可以帮助学习者充分利用多种学习方法，而不局限于文本学习。

（二）多模态教学模式下的认知策略

认知策略是一种重要的语言学习技能，它可以帮助学习者更好地理解和掌握概念，并能够有效地运用规则来解决问题。它不仅可以提高学习者的学习效率，还可以帮助他们更好地理解和掌握语言。认知策略是一种技能，它可以帮助学习者更好地理解和处理信息，并将其有效地存储起来。

在多模态教学环境中，认知策略的使用显然更为重要。这是因为，多种信息源的共存使得信息的获取需要多种模态的解读，而且需要对模态之间的协调和内联有较强的感知和辨别能力，因此，认知策略在多模态教学环境中发挥着越来越重要的作用。尽管学习者需要解码和整理多种模态的符号，但是由于这些符号之间的协调和内联是基于他们的经历和经验，因此他们不需要付出太多的认知努力。只需要提取长时记忆中的符号意义，并将它们归并到新的学习情境中即可。这是一个将新旧知识结合的过程，通过这种方式，学习者可以提升自己的学习能力。

建构主义学习论认为，学习是一个复杂的过程，它不仅仅是一种外部知识信息的输入、存储和积累，而是一个需要学习者主动探索、思考、分析和理解的过程，这个过程中，新旧经验之间发生交互作用，从而形成新的知识结构和技能。

显而易见，新旧经验的交互作用是建立在学习者个人经历基础上，通过演绎、拓展、迁移、推测和重新组织等认知策略，将经验进行比较、补充和扩展，从而形成新的经验，并将其抽象成一定的知识结构。这些策略已经成为我们日常生活中不可或缺的一部分，学习者可以在无意识中将它们应用于解读多种信息，从而提升自身的认知能力。

通过多模态符号的情景化输入，学习者可以更加深入地理解和运用生活经验和常用的认知策略，而不仅仅局限于文本学习，比如翻译、记笔记、利用关键词、利用上下文情境等，这些策略的有意识使用可以提高学习效果，但是，仅仅依靠文本意义和语言形式规则的获取，对于基于百科知识和实际物质世界的文本意义，还是无法满足学习者的需求，因此，需要更多地实践性地输入，以更好地理解和掌握文本的含义，从而提升学习效果。语言的表达方式无法完全传达出它所蕴含的深层含义。在多模态教学环境中，通过表情、动作和语调来表达更多的含义，使用多种认知策略的效果远远高于仅基于文本学习的方法。这些策略的使用是无意识或潜意识的，更容易掌握并灵活运用，并且能够更好地协调配合。

随着多模态符号体系的出现，它们传递的意义比单一模态更加丰富多样，而且在解读时，采用不同的认知策略，使得新旧结构之间的联系更加紧密，从而有效地扩展和强化意义网络，促进短时记忆向长时记忆的转变，提升学习效率。心理学家认为，学习策略的选择可以反映一个人的学习能力，儿童在学习初期可能会采用单一的方法，但随着时间的推移，他们可能会发现更多的学习策略，并且在学习过程中不断探索和实践。通过多种模态符号的输入，可以促进多种认知策略的并用或转换，从而提升认知能力，同时也让学习者更加深刻地理解这些策略的使用特性和效果。此外，这些策略是在一定的过程中形成和发展的。随着时间的推移，学习者不断地重复使用同一个策略，从而不断提升自身的理解力，最终形成更有效的学习策略。这种策略不仅具有系统性，而且由规则和技能组成，可以帮助学习者更快地掌握知识。

通过多种学习策略的结合，可以使学生们更好地理解各种规则与技能，从而推动他们掌握新的学习方法，拓宽视野，提升思维能力，从而获得更多的收获。因此，通常情况下，学习策略的发展与学习过程密不可分。当学生的学习能力较强时，他们会更加灵活地应用各种学习策略。

在多种教育方式中，这种情况有助于促进学生的学习策略的进步，并增强他们的学习能力。

（三）多模态教学模式下的社会情感策略

学习者的学习活动大多是在课堂上进行的，这种学习环境由教师、专家、教辅人员、家长等多方参与，他们共同分担学习任务，共同探讨学习资源，共同完成学习目标，从而形成一个有效的学习共同体。成员之间相互学习、互相激励，共同探索新的学习方式。

学习者可以通过多种方式获取知识，包括通过纸质或电子媒介等介质，也可以通过阅读他人的经验和描述来获取知识。这个过程有助于丰富、完善和发展自己的知识经验。通过不断提升自身学习能力，我们不仅加深了对外部世界的理解，而且建立了自己独特的认知观和知识体系。因此，学习不再是一个孤立的、完全独立的过程，而是一个与外部世界紧密相连、相互作用、相互影响的过程。

通过分享学习过程，学习者可以更好地与他人交流，探讨学习中的问题，从而提升学习效果。因此，学习过程不仅仅是一个交流的过程，更是一个充满互动性和合作性的过程，它能够激发学习者的社会情感，并且在学习中运用社会情感策略。

北京师范大学孙波教授团队提出了7种基本学习情感类型，它们分别是高兴、惊讶、厌烦、困惑、疲劳、专注和自信，这些情感可以有效地促进学习，并且在交互合作学习中发挥着重要作用。当学习者感到困惑时，讨论就没有必要继续下去，因为这会导致他们更加迷惑，甚至产生厌烦情绪，影响他们的学习积极性。相反，如果学习者对学习内容充满信心，讨论就可以继续下去，深入巩固学习成果，让他们感到获得感和成就感，增强他们进一步学习的信心。因此，社交情感对学习过程产生了重要影响，正确运用情感策略可以促进学习并提高学习效率。

在多模态教学模式下，学习者可以通过多种渠道获取知识，包括语音、视频等多种形式的输入，这些信息可以帮助他们更好地理解语言规则和语义，避免学习过程中出现困惑和厌烦的情绪，从而提高学习效率。通过肢体语言和声音信息，我们可以更好地理解文本内容。此外，当我们输入动态画面和声音时，人物的行动和话语也会激发我们的想象力，让我们产生表现欲，积极参与学习交流和讨论，展示自我，获取知识。通过多模态教学法，课堂共同体的学习氛围得到了极大的活跃，学习者们积极参与，主动体验式学习，并利用多种有效的社交情感策略来提升学习效果。这种方法不仅能够激发学习者的学习热情，而且还能够深化学习共同体的学习氛围。

三、高校英语多模态教学模式应用的可行性

（一）使用多模态教学完成学习成果的巩固

通过研究遗忘曲线发现，教师必须不断加强对知识的理解和记忆，才能让学生在学习过程中记得更加牢固。对于当前的大学英语课程来说，如果课堂上学到的知识无法在课后及时复习，那么学习效率就会降低。

过去的教学方法通常只依靠背诵来复习英语知识，这种方法并不能达到理想的复习效果，而且无意义的记忆也难以长久保存。因此，教师需要采用多种教学方法，将没有意义的知识转化为更有意义的记忆。通过联想的方式，学生可以更深入地理解英语单词的读音，并且能够快速提取记忆信息。这种教学方式有助于巩固学习内容，提高学习效果。例如，在"shine"单词学习中，教师可以通过让学生根据单词的实际意义或者选择读音来进行联想，以完成教学。"shine"有"发光""照耀"和"反光""将……照耀"的意思，学生可以通过简单的解释来将这两个词汇与太阳联想到一起。太阳本身就具有耀眼的光芒，而且它散发出的光芒也能让人感受到炎热。因此，学生在记忆单词时，很容易将其与太阳联系起来，从而更直接地理解单词的含义。此外，通过描述太阳，学生还可以将其与单词的发音联系起来。通过联想法，学生可以更有效地学习英语，并且能够更深入地记忆单词。这种方法主要是将原本枯燥的知识与有意义的事物联系起来，帮助学生克服对英语学习的恐惧，更好地掌握课程内容。

通过采用多模态教学方式，学生可以更快地解决英语学习中遇到的问题，这样就可以改变传统的教学模式。这种方法能够高效且熟练地完成英语课程，减轻学生在学习过程中的负担。

（二）多模态教学可以提升学生的学习能力

学习英语是一项具有挑战性的任务，因为它与汉语有很大的不同。为了提高学生的英语水平，我们必须改变我们原有的思维方式。这样才能真正帮助学生提高英语学习能力。

如果想要更好地学习英语，听、说、读和写都是必不可少的。在过去的课堂教学中，教师经常注重学生在阅读和写作方面的表现，而忽略了听和说

的重要性。这导致许多学生在口语表达能力方面存在困难,在阅读短文时也容易暴露出自己的不足。因此,在英语教学中,我们应该采用多种模式,并使用全英文教学方法来帮助学生提高听说能力。通过这种方式,学生可以大幅提高口语表达和英语听力能力。

当学生遇到一些难以理解的问题时,可以向教师提出问题,通过不断练习,可以提高他们的英语听力能力。在课堂上,教师还应鼓励学生使用英语回答问题,这样可以帮助学生更好地理解所学知识,并锻炼他们的表达能力。通过这种方式,学生可以建立自己的知识体系。

通过采用多模态教学方法,学生可以通过多种不同的方式学习和掌握英语知识,这对于提高学生的英语水平有积极的作用。此外,这种方法还能帮助学生在日后熟练使用英语。因此,在教学过程中采用多种模式的教学方法,可以让学生从多种不同的途径学习英语,并且能够持续提高他们的能力,让他们在课堂上学到更多有用的知识。

(三)在教案设计中灵活使用多模态教学

多模态教学是一种系统化的教学方式,它能够帮助教师更好地设计课堂上的每一个环节,并且能够让学生更容易理解和掌握知识。教师应该熟练掌握多模态教学的使用方法,以便获得更理想的教学效果。这样才能在日常教学中运用多种教学方法。

在课堂教学中,多模态教学的时间有限,因此,教师需要合理安排课程内容,以达到最佳的教学效果。在制定教案时,应该考虑到多模态教学方式的使用,以确保教学过程的顺利进行。此外,英语学习还包括听、说、读和写等多个方面。例如,在学习单词时,教师应该重点关注学生的发音,并通过口头讲解来帮助学生了解准确的发音方式。此外,可以通过小组交流的方式来纠正学生的发音。在学习句式时,教师应该尽可能关注学生的掌握情况,并让他们使用这一句式来完成造句,以便在熟练掌握后进一步深化学习记忆。

为了更好地掌握学生的学习情况,教师可以采用情景教学方式来检验学生的学习效果。例如,在学习食物相关知识和掌握文章中的句式之后,教师可以创造一个模拟西餐厅用餐的情景,让学生利用已经学过的知识与服务员进行对话，最终完成点餐、评价菜品及结账的整个流程。这样，学生就能够更加深入地理解所学内容，并能够更好地应用所学知识。通过采用这种方式来创建有效的教学情境，可以让学生在生动有趣的环境中复习所学知识，同时也能锻炼他们的口语表达能力。

如果想要在英语课堂上成功地使用多模态教学，教师需要在课前进行充分的准备工作。这样，他们就能够更有目的地进行教学，并且能够帮助学生提高学习效率。通过按照教师设计的步骤来学习相关章节内容，学生可以更好地掌握知识。

四、多模态教学模式在高校英语教学中的创新应用

（一）合理选用模态教学

采用多模态教学模式可以为大学英语教学提供更多的可能性，从而弥补单模态教学的局限性。然而，教师应该根据教学目标、学生的学习特点及教学环境，灵活运用各种模式，以达到最佳的教学效果。多模态教学的成功取决于许多因素，其中包括教师如何选择最佳模态并将其融入课堂。通过协调各种模态之间的关系，可以更好地帮助学生提高英语水平。相反，如果教师选择的模式过多，使用混乱，学生就会感到困惑，不知道该把重点放在哪里，从而偏离教学目标。因此，有学者强调多模态教学的适配性和有效性。

教师在选择教学模式时，应遵循适配性原则，即要求各个模式之间相互协调，避免出现一个模式对另一个模式产生抑制效果。例如，许多国外影视剧具有重要的教学意义，在高校教学中，教师可能会选择一些影视资料来辅助教学。但是，我们知道，在引进一些国外影视剧时，字幕和配音都会经过翻译处理，如果教师选择的影视资料中人物语言表达使用的是英语，那么这些资料就不能满足教学需求。使用中文字幕会导致模态之间的冲突抑制，这会严重影响教学效果。

在教学中，有效性原则旨在确保所选择的模态能够有效地帮助教师实现教学目标，提高教学质量。例如，在培养学生的写作能力时，教师可以使用多种模态，如课堂活动和小组讨论等，这些模态之间可以相互协作和转换。通过多模态协同作用，教师可以让学生们在展示优秀文章的同时，进行小组

性的讨论，从而更好地理解和掌握信息，并在这个过程中潜移默化地提升学生的写作能力。

（二）充分应用网络技术及网络信息

随着计算机技术的飞速发展和网络信息和资源的丰富，如果能够有效地利用这些资源和多媒体，就可以为学生提供更加精准、实用的学习任务，使他们能够有针对性地进行学习。通过多种教学模式，包括实践和网络资源，我们可以为学生提供更多的学习机会。除了引入一些外国影音资料，我们还可以向学生介绍一些西方文化、语言和风土人情，并展示一些国际演讲资料。这些内容能够让学生在视觉上有所收获，激发他们的学习兴趣和注意力。教师应该不断更新自己的教学方案和材料，以满足时代对核心素质教学的需求。这样，他们才能更好地与学生沟通，增强师生交流，达到教学目标。同时，教师也应该利用资源来丰富学生的知识面，使他们能够更好地理解时事热点。

（三）运用多模态教学开放学生思维

当今社会对有创新思维、有想法的高素质人才的需求日益增长，因此，对学生的思维培养显得尤为重要。虽然大学英语教材已经提供了大量的信息和知识，但是这些教材过于单一，无法满足当前社会的需求。通过利用多媒体和网络技术，教师可以鼓励学生制作PPT，以便更好地理解和掌握教材内容，这样的学习过程不仅可以让学生更好地理解教材，而且还可以让学生更深入地体验学习的乐趣。同时，PPT的多样性和动画性使"活动"变得更加生动有趣，它不仅能够给学生带来多种感官冲击，而且也是多模态模式教学创新应用的体现。PPT制作过程不仅能够锻炼学生的动手实践能力，还能够激发学生的思维，让他们能够将理论付诸实践，从而达到综合性的教学目的。

（四）运用多模态教学模式激发学生的自主学习能力

要想充分理解和掌握所学知识，学生需要在学习过程中不断提出问题、思考问题并寻找解决方案。过去，教学模式以教师为主导，只是单方面地讲解，使学生缺乏主动性。此外，教师更多的是通过提出问题来考察学生对知识的掌握情况，而非真正用于思考和学习。长期以来，多模态教学模式一直在抑制学生的学习主动性和积极性。即使教师采取了提问和互动的方式，也很难满足所有学生的需求。因此，采用多模态教学模式可以更好地激发学生的学习兴趣，促进师生交流，提高课堂互动的有效性，让学生能够更多地参与到课堂活动中，从而提高学习的自主性。

（五）构建多模态教学模式的课余英语学习平台

学校应该建立一个有效的多模式学习平台，以满足学生的学习需求。例如，可以建立一些团体性的英语学习平台，如英语角、英语实践运用社团等，以鼓励学生积极参与并学习。此外，教师也可以通过加入学生们的微信群、QQ群等方式，为学生提供帮助和支持。通过实践性学习活动，教师可以提供有效的指导，促进师生之间的交流与互动，为学生提供一个有利的学习环境，从而提高学习效率。

第五章　英语教学模式改革创新

英语教学为人才的培养、社会的发展作出了重大贡献。然而，语言是随着社会的发展而不断演进的，相应的英语教学模式与水平也要在当前的时代背景下进行调整与提高。因此，探讨英语教学模式的创新，成为新时期英语教学的重要课题。本章主要介绍了英语教学模式改革创新，从三个方面进行阐述，分别是英语词汇与阅读教学模式改革创新、英语语法与听说教学模式改革创新、英语口语与写作教学模式改革创新。

第一节　英语词汇与阅读教学模式改革创新

一、英语词汇教学模式改革创新

词汇是语言的建筑材料。但词汇不是孤立的存在，而是系统的存在。一方面，构成词汇的要素有单词发音、词形和词义。另一方面，词汇又与语法、句型和语篇结合，通过文字符号的操作即听说读写活动实现意义的通达。由于词汇与相关结构相互作用才能实现语义的建构，所以词汇的理解、词汇的习得和词汇的使用是一个非常复杂的心理过程。语言从某种角度来说就是对词汇的使用，而词汇的顺序组合就是英语语言的表达形式。所以，词汇在英语教学中的重要性就不言而喻。

（一）英语词汇教学的意义

如果把结构看作语言的骨架的话，那么词汇就是人体的血肉。词汇的重要性可见一斑。但学习词汇是一件异常艰苦的事，它记起来很难，忘得却很快，对于许多学生来说，最困难的就是词汇的累积与拓展，词汇学习常常成为初学者的拦路虎，浅尝辄止、半途而废者比比皆是。所以，词汇学习是语言知识教学的重点和关键。

（二）英语词汇教学的原则

我们在英语词汇教学中坚持的原则有以下几点。

1. 情境原则

教师尽可能多地使用生动、直观的手段教学，用语言习得的方式教授词汇，省去不必要的翻译环节。对词义、用法、搭配上不容易把握的词，教师要结合句子、情景等展开教学，帮助学生在语境中练好、用好已学过的词，切忌孤立式的死记硬背。

2. 多样化原则

单词呈现和学习的方式应多样化、多元化，教师的教学方法要新颖，生动有趣，使学生易于记忆、便于联想。

3. 复现原则

学生有必要对已经学过的词汇进行频繁的复习和巩固。所以，教师有必要提高生词在课堂或者课外阅读时的复现率，以减少学生遗忘情况。

4. 策略原则

英语教师在教学过程中需重视对学生进行词汇学习策略的训练，养成词汇学习的好习惯。

5. 自主学习原则

英语教师应该培养学生查字典的技能和习惯，使学生逐步养成自主学习的能力。

（三）英语词汇教学的内容

英语词汇的习得是一个逐步深入的过程。英语词汇学习的特点决定了学生词汇学习量的多少及词汇难度的高低，进而影响教师词汇教学进度的快慢。词汇教学所涵盖的领域十分广泛，掌握一个单词所蕴含的内涵要做到以下几点。

掌握一个词汇，通常包括四个方面的要素：词义、用法、词汇信息和词法，这些要素共同构成了一个完整的词汇体系。其中词法属于语法范畴，而词义是词汇的核心问题。一般而言，个体所掌握的词汇可分为两类：一类是积极词汇（active vocabulary），另一类则是消极词汇（passive vocabulary）。在英语中，积极词汇通常是由两个以上不同意义的词组成的，具体涵盖口语和写作中所使用的惯用词汇和短语，而消极词汇则是指在阅读报纸、杂志、书籍等时所积累的词汇量的总和。积极词汇是人们在日常生活中使用频率很高的词汇，被称为具有主动性的词汇或活用词汇（productive vocabulary），消极词汇是指应接性词汇或领会性词汇（receptive vocabulary）。

积极词汇与消极词汇是两种不同的语言单位，但在使用上却是经常会接触到的。若运用外语进行口语和写作，则必须掌握一定数量的积极词汇，而若理解或解读外语口语和资料，则必须掌握一定数量的消极词汇。在英语学习过程中，积极词汇和消极词汇是相辅相成、相互渗透、相互促进的关系。教师的主导作用在于协助学生进行大量的词汇练习和复习，致力于推动消极词汇向积极词汇转化，拓展学生的词汇量，促进学生听、说、读、写能力的全面提升。

新课标共收录了3 300个单词和360个短语或词组，其中还明确规定了学生应"学习使用1 000～1 100个左右的新单词和一定数量的短语，累计掌握3 000～3 200个单词"，可见这些词汇和用语都是积极词汇，必须认真学习，积极掌握。

（四）英语词汇教学存在的问题

英语词汇教学的问题随着教学的存在而存在，也随着教学的不断深入而得到改善和解决。英语词汇教学的困难表现在词汇的记忆上，而问题的根本成因在词汇的运用上。目前，词汇的教学中主要存在如下一些问题。

第一，初次教学词汇时不注意语音的准确性，尤其是重音问题，学生未掌握好词汇的发音，甚至用中文谐音标注，由于英语单词语音与拼写有一定的相关度，这样，久而久之，必然造成听辨和理解上的困难。

第二，教师对母语有严重依赖感，一旦发现学生不能理解，即刻说出中文意思，使学生学习的惰性也随之产生。

第三，单词集中学习，或单独专项记忆，学生词汇记忆依靠死记硬背。教师既不提供语言情境，也没有上下文的联系，随后缺少相应的复习或巩固。词汇学习的方法呆板、单一，词汇复现率低，从而影响学生词汇能力的发展，使学生词汇的运用水平比较低，学生无法将被动的词汇转化为积极词汇。

第四，学生不能使用词典等辅助工具进行自主学习，对教师的依赖性强。

第五，因没有与词汇学习相对应的课外阅读材料和作文训练，致使学生所学词汇的复现率低，遗忘率高，学习成效不明显。

（五）英语词汇教学新模式

英语词汇教学的效果直接与词汇教学策略有关。从词汇教学的过程，结果和教学的内外条件来看，词汇教学是策略的存在。词汇学习和积累与记忆理解和运用紧密相关。当前所创新研究的常用的词汇可分为词汇记忆、词汇呈现、词汇复习和巩固等方面。

1. 词汇记忆

词汇学习的一大难点就是容易遗忘，为了制定有效的词汇教学策略，教师必须深入了解词汇记忆的独特之处。在记忆词汇的过程中，要让新学词汇深入学生的记忆，必须激发学习者的内在动力和自我投入欲望。若能娴熟地运用所学词汇，对其语义和用法的记忆将比单纯的听、读和翻译更为轻松有效。研究得出以下结论。

①分散记忆方式比集中记忆方式更有效。例如，对于一列单词分6次记忆，每次进行10分钟，其记忆效果将超越一次学习60分钟的效果。

②记忆要求记忆者有智力、情感等多方面的要素输入。速度过快，不过是流于形式，产生"左耳入，右耳出"的效果。因此，单纯地倾听或者大声朗读的效果很差。

③在学习上越积极，效果越好，也就是说学习者需要采取积极的行动。例如，参加"全身反应法"课堂活动，对词汇学习与记忆会有帮助。

④教师不要同时介绍多个含有多种词义的单词。

⑤学生很容易把意思或者结构上相同或者相似的词混在一起，他们往往对同义词辨析感到头疼。

⑥学生对单词学习和记忆产生需求或感兴趣是十分重要的。在面对与自己毫不相干的、不需要或不感兴趣的词汇时，学生的学习欲望就会降低，进而影响词汇记忆效果。

2. 生词呈现

为了提高生词的记忆和呈现的效率，我们在教学中常采用如下方式。

①采用实物、图片、简笔画、模拟动作表演、手势等方式呈现词汇，避免翻译。将所学单词同其相应的意象（如物体、动作、人物、声音等）直接联系起来，可以减少母语的干扰，有助于目的语思维习惯的养成，有利于映象记忆技巧的培养。如："This is a clock."（Show the picture or mould or by a particular scene.）

②提供上下文的情境或定义，即从语境中学习词汇。将所要记忆的词汇置于确定的上下文中，在词汇之间建立语义联系，让学生猜出意思。记忆不仅准确，而且会长久。如教"well"的同时，可以给出句子："Don't forget who dug the well when you drink water from it."教"clock"一词，可以给出如下定义："A clock is an instrument, which tells the time."

③用同义词或反义词解释新词。如用"wonderful"引出同义词"terrific"，用"warm"引出其反义词"cool"等。

④利用词根、词干、前缀、后缀、转化、合成（root / base, stem, prefixation, suffixation, conversion, compounding）学习记忆扩充新单词。有人统计，如果一个人学了80个英语词根和50个词缀，那么他就可以掌握10万个以上的英语单词。如能将同一词的所有派生词一起记忆，记忆则会变得轻松。如拉丁词根"cent"意为"one hundred"，所以"century"就意为"a period of 100 years"。前缀"e"表示电子的意思（electronic），"eschools"是"electronic-schools"，随后引出新单词"e-mail, e-zine, e-journal, e-commerce"；"truth"作为词语可派生出"truthful, truthfulness, truthfully, untruth, untruthful, untruthfulness, untruthfully"等多个单词。学了"hit"的动词用法（to give a blow）再学它的名词形式及用法（hit-blow）就比较容易，这就是词性转化。因为学生已学过"on""line"，再学"on-line"就比较容易。这是合成词的迁移学习法。若再将这些同根词融入一个语境中，不仅可以记住词的含义，还可以弄清楚其用法，因为有了参照物。如："The man agermanaged to conduct effective management of his business with his managerial skills."

⑤在语词组块中教学英语单词。如教"come across"时，要将它们置于具体的句子中，用其他同义近义的词汇解释，而不可单独解释其中的任何一个词。

⑥对于较抽象的词汇或专有名词可采用解释或翻译方式。如"X-ray"意为"X射线"；"virtue"意为美德等。

⑦及时发现学生可能误解和疑惑的词汇，重点呈现和讲解。

3. 复习巩固单词

（1）利用语义关系复习词汇

①用语义场所形成的系统记忆单词：语义场是词汇根据其意义的内在联系形成一个系统。将词汇根据需要分成一个个小系统，这样有利于整体记忆，扩大词汇量。如："color system, animal, food, vegetable, fruit"等语义场可帮助学生回忆出尽可能多的词汇，这样，特别有利于表达时词汇的使用和替换。

②利用聚合关系和组合关系记忆词汇。如下图中"red"和"yellow"等框中的词形成了聚合关系。如："red"和"yellow"等词分别与"pen"形成组合关系。

③利用词和概念的上下义位关系记忆单词。如"animal"与"bird, ish, insect"等词形成上下义关系。

④利用同义关系记忆单词。如："large-big, fall-autumn, hide-conceal, daddy-father"。

⑤利用反义关系记忆单词。如："Male—female, true—false, alive—dead, wide—narrow, old—young, hot/warm—cool/cold, up—down, north—south, come—go"。

⑥利用概念全体与部分的关系记忆单词。

⑦利用构词法如词根、词干、前缀、后缀等复习相关词汇。

（2）利用信息沟开展呈现单词活动

①贴标签记单词：学生用所学的英语单词给图片中的有关物体贴上标签完成最快的、正确率最高的视为胜者。

②示图记单词：该活动由学生配对完成。学生在拿到不同的图片之后，

通过问答，用英语说出各自图中所示不同的物品名称。

③说说画画记单词：该活动由学生配对完成，一位同学根据所给词汇，描述其特征但不能读出该词，另一位同学判断并说出该词。

（3）游戏记单词

①字母接龙游戏：每一短横表示填一个字母，每个单词最后一个字母是下一个单词的首字母。

②配对成词游戏：将词一分为二，让学生将它们配对连接。

③找词游戏：在一个词或一串字母中找出尽可能多的词汇。

④"抓特务"辨词游戏：从每组中挑出不同类的单词。

⑤猜谜记单词游戏。

⑥宾戈游戏（word bingo）记单词：这是特别常见的一种游戏，但可以经常改变需要复习的词汇，灵活便利。

⑦下棋游戏（English chess）：教师可模仿跳棋、飞行棋等棋类自行设计一些小型的英语棋盘，要复习什么词，就可填在有关空格中，便于各种词汇的强化和巩固，会成为学生课外爱不释手的游戏。

4. 其他教学模式

（1）找到词汇变化

如将"fly, teach, lose, come, break, rise"去分词形式归到不同模式中去。

（2）词汇的联想（word association）

这不仅是复习单词的好办法，也是培养发散性思维的好形式。

（3）词汇网络图

利用词汇网络图，让学生根据相同的分类将有关词汇归类。

（4）语料库（Corpus）的利用

利用语料库检索某个词汇，便于学生观察和归纳词汇的用法，做到举一反三，温故知新。

（5）唱童谣和歌曲（Chantingand Singing）记单词

通过唱童谣，使那些学习用品的词汇读起来朗朗上口，既轻松愉悦又容易记忆。如：

Show me your pencil.

Show me your ruler.

Show me your eraser.

Show me your crayon.

Show me your pen.

学生一边唱歌,一边做动作,巩固了所学的新词,又激发了记忆单词的积极性,优化了记忆的过程,避免了死记硬背,还提高了记忆效果。

Teddy Bear, Teddy Bear, touch your nose.

Teddy Bear, Teddy Bear, turn around.

Teddy Bear, Teddy Bear, touch your head.

Teddy Bear, Teddy Bear, touch the ground.

(6) 翻译记单词

适当使用翻译手段有助于词汇学习和记忆。例如,靠母语注释来学习、记忆词汇。可以用单词卡片一边写目的语、一边注母语,通过交替翻译的方式提高记忆力。

(7) 分类记单词

分类是复习中行之有效的方法,分类是把同类型词汇按照语义、用法、成分、搭配等归类组合起来。分类记忆既符合人的记忆习惯,又符合记忆规律。

①搭配:widely travelled; rich and famous; set the table。

②动词短语:get up; log on; run out of。

③成语、俗语等:hell for leather; get cold feet; mind your own business。

④客套语:see you later; have a nice day; yours sincerely。

⑤语篇的衔接语:frankly speaking; on the other hand; I take your point。

二、英语阅读教学模式改革创新

阅读作为语言学习的基本技能之一,不仅获得了信息和乐趣,更是巩固和扩大目的语知识的重要途径。在世界经济全球化背景下,英语在国际通用语言中的重要性日益凸显,所以阅读技能的学习与传授理所当然地成为重点，而有关阅读过程和阅读教学策略方面的研究在这种情况下也日益凸显。

阅读是主动积极地对信息进行思维理解与接受的过程，是一项复杂的智力活动。阅读包括两个明显的发展时期，一个是对文字符号进行识别的感性认识时期，另一个是对内容进行理解和对信息进行吸收并进行创造性思维解码的理性认识时期。英语阅读教学以发展交际性阅读能力为主，有效地获取书面信息，并对此信息进行分析、推理和评价，以实现交际的目的。

（一）英语阅读教学的原则

鉴于上述对影响学生阅读能力提高因素的分析，为了达到阅读教学的目标，保证阅读教学的有效开展，要遵循以下原则。

1. 兴趣激发原则

学生对阅读是否产生浓厚的兴趣是阅读教学成败的关键。有了兴趣，学生才能产生积极、主动、热烈的学习情趣。教师要注意教学内容的适当变换和教学形式、手段的多样化，尽量避免教学活动的枯燥乏味，从而激发学生的阅读热情和兴趣，使阅读教学经常保持新鲜感，使学生学会阅读，乐于阅读，变被动阅读为主动阅读。

2. 层层设问原则

层层设问原则主要是指教师在阅读教学中提出的问题应该具有层次性，一环扣一环，逐步揭示文章的主题。例如，教师在讲解"Thomas Edison"这篇课文时，可以提出如下问题。

①Who was Thomas Edison?

②When Thomas Edison was five years old, he sat on some eggs one day, didn't he? Why?

③Why did Edison's teachers end him away from school?

④How do you think about Thomas Edison? Why?

⑤What can we learn from the text?

这五个问题由浅入深，层次分明，学生根据教师提出的问题，想方设法化难为易，在解决问题的过程中，掌握所学知识，逐步理解文章内容，并提高自己的分析理解能力。

3. 循序渐进原则

阅读教学目标的完成不会一蹴而就，它是一个循序渐进的过程，需要一个合理的总体设计和长远规划。教师应该在材料选择、任务确定、阅读方法及阅读教学的反馈等诸方面做出全面细致的考虑，并鼓励学生寻找适合自己的阅读方法，积极引导学生采用适合自己的阅读方法去完成既定的阅读任务。

4. 速度调节原则

阅读速度不一定等于理解能力。有的人阅读速度快，可是理解能力差；也有的人阅读速度慢，理解能力也差。针对这些学生，应加强一般阅读技能的训练和语言的基础知识，而不宜加快阅读速度。教师应根据教学的进程设置不同的阅读速度，在阅读教学进行之初，可以放缓阅读速度，注重的是对材料进行有效的理解。并且慢速阅读有时也是一种需要，例如对于诗歌、散文、小说等，应该细细地品读，深入地分析领会，认真思考、品味、评价和欣赏。但随着词汇量的扩大，语义、句法知识的增加，语感的增强和阅读技能的提高，阅读速度亦随之加快。这个阶段就应该进行相应的限时训练，增加训练的强度，进而完成阅读教学的目标。可以说速度调节原则就是要求教师在阅读教学过程中做到张弛有度，根据不同阶段的教学目标做相应的调整。

5. 因材施教原则

由于学生之间存在着个性差异，因而学生学习阅读的进程就有所不同。教师应注意满足不同水平学生的特殊需要，力争使每个学生都能相应地发展阅读技能。比如有的学生阅读成绩不佳，便自暴自弃，对于这类学生，教师可以先给他们简单的阅读材料，并逐步增加难度，让他们看到自己的点滴进步，还要经常表扬、鼓励他们，帮助他们树立战胜困难的决心和取得进步的信心。而有的学生基础好，学习兴趣浓厚，课堂上的阅读常常满足不了他们的阅读需求，针对这类学生，教师应向他们介绍和推荐世界名著等读物，布置一些富有挑战性的阅读任务，以满足其阅读需求。总之，教师应根据每个学生的特点，认真分析，并将其分类，在教学中有意识地对其提出不同要求，采取不同方法，从而做到因材施教。

（二）英语阅读教学的内容

阅读教学的内容包括培养学生的各种阅读技能，大致包括以下方面：

①辨认单词；②猜测陌生词语；③理解句子之间的关系；④理解句子言语的交际意义；⑤辨认语篇指示词语；⑥通过衔接词理解文章各部分之间的意义关系；⑦从支撑细节中理解主题；⑧将信息图表化；⑨确定文章语篇的主要观点或主要信息；⑩总结文章的主要信息；⑪培养基本的推理技巧；⑫培养跳读技巧。

（三）英语阅读教学中存在的问题

1. 教学观念上的问题

许多教师重视对知识的传授，轻视对阅读理解能力的培养，在阅读教学中，教师往往是讲解生词、逐句逐段分析，然后对答案，没有培养学生的阅读理解能力。事实上，阅读是语言技能的一部分，对阅读能力的培养有助于学生提高分析、思考及判断能力，具有拓宽视野、激发学习兴趣、提高人文素养、进而提高学生综合语言运用能力的重要意义，因而有必要对该问题引起重视。

2. 教学方法上的问题

目前的教学方法没有很好地体现英语教学标准、突出学生的主体作用，使得学生没有参与的热情，很难使学生形成良好的阅读习惯。尤其是一些教师对阅读教学研究不够，实践也不多，很难形成科学有效、易操作的教学方法。总的说来，由于教学方法单一、陈旧，很难激发学生的阅读兴趣，于是学生的阅读能力也很难得到提高。

3. 课程设置上的问题

虽然阅读是英语教学中的一部分，然而无论是教材还是课程设置上都存在着问题。小学的教材偏重词汇，高中的教材偏重语法，大学的教材偏重阅读技能的训练，这三个阶段各有侧重点，然而教材的连贯性却没有做到位，缺乏必要的过渡。另外，阅读教学缺少明确的教学目标和教学计划，并且在课时、师资及教学组织上得不到必要的保证，从而影响了阅读教学的效果。

（四）影响学生英语阅读能力提高的因素

阅读是一个感知、解释和理性思考的过程，它始于作者将信息编译成语言的表层体现，终止于读者建立起来的意义。同时阅读又是一个复杂的认知心理过程，它的复杂不仅在于对字母、词语的认知等，还在于它涉及语言因素以外的诸多其他因素。一般说来，影响阅读的主要因素有以下几点。

1. 背景知识

背景知识不仅指文化背景，还指人们掌握的各种知识，包括语言知识本身及已有的各种生活经验、经历。缺乏必要的背景知识是造成阅读困难的主要原因之一。丰富的英语社会文化知识，对提高英语阅读能力有很大的促进作用；反之，背景知识的缺乏会造成阅读理解过程中的困难或误解。在阅读过程中，学生应该学着运用上下文及背景知识来印证理解相关的语言信息。例如，在理解"The eagle always flew on Friday."这样一句话时，就必须利用相关的背景知识，如果单从字面上去理解，就是"老鹰通常周五都飞走"。联系上下文，发现这样的翻译在文中没有任何意义。对这句话进行分析之后就会发现，"eagle"是美国的国家象征，因为美国钱币上大都印有"鹰"的图案，由此可推断"eagle"喻指美国钱币，进而得出该句是"Payments were always given on Friday."，从而达到正确理解。因此，教师要鼓励学生进行广泛阅读，并提供多种适合学生阅读水平和兴趣的英语阅读材料，增加阅读量，让学生多了解英语国家的背景知识。

2. 词汇掌握

一般来说，词汇量的大小预示着阅读能力的高低，因为词汇量的缺乏是构成阅读困难的首要原因。阅读能力的提高离不开词汇的扩充。

3. 语法知识

学生语法基础知识不扎实，也是造成阅读困难的原因之一，特别是当遇到长句、难句或者是对句法结构的陌生同样会影响阅读。例如，"Behaviorists suggest that the child who is raised in an environment where there are many stimuli which develop his or her capacity for appropriate responses will experience greater intellectual development."当学生看到这句话时，通常会感到很棘手，不知该如何应对，可是如果对该句进行分析就会发现，虽然句子很长，可是事实上整个句子是"Behaviorists suggest that"宾语从句的结构，而在这个宾语从句中又包含了三个定语从句，这样层层分析，结构就清晰可见。事实上，这些分析都是建立在有一定的语法基础上，如果语法不过关，想提高阅读能力也会很难。

4. 阅读策略

阅读策略是有效阅读的保证，不能正确运用阅读策略就很难在规定的时间内完成阅读任务，从而影响阅读的质量和数量。

5. 学生兴趣

兴趣可以激发学生阅读的欲望，可以加深读者对材料的理解。因而教师在阅读材料的选择、过程的监控及阅读的评估上都要考虑到学生的兴趣，保证阅读教学的有效开展。

6. 阅读习惯

学生不良的阅读习惯，也在一定程度上影响了阅读教学。比如有的学生喜欢用笔或手指着阅读，有的学生喜欢在心里默读或者唇读，还有的学生喜欢不断回头重复阅读过的内容。这些不良的阅读习惯不仅费时费力，影响阅读速度，而且还会直接影响连贯思维，进而妨碍理解。教师要帮助学生克服各种不良阅读习惯，可以经常进行限时阅读训练，努力提高阅读速度。

7. 阅读心理

阅读心理障碍也是影响阅读教学的重要因素，由于学习的是第二语言，因而学生在阅读过程中往往注重的是词汇、语法等知识的学习，并且习惯于词语、句子有对应的翻译，否则就没有安全感。这就进入了一个误区，因为阅读教学的目标不是对词汇、语法的研究，而是获取信息。这种阅读心理阻碍了阅读能力的发展，这样不仅阅读速度慢，而且不能把握文章的命脉，易忽略整体的领略，缺乏宏观的阅读思维能力。教师在阅读过程中要注重培养学生树立整体篇章概念和速度效率概念，才能克服教与学过程中的不良习惯。

8. 思维习惯

人们在学习第二语言时，总是习惯于母语的思维习惯，因而很多学生在英语阅读过程中，或多或少地运用着母语的思维习惯。事实上，中、英文在文化方面的巨大差异，也导致了两种语言在遣词造句上的不同。中文句式的表达特点是重要信息在后，次要的描述性信息在前。而英文句式的表达特点正好与之相反，是重要信息在前，次要信息在后。学生如果能够掌握这种差别，就可以在阅读中适当分配注意力，从而提高阅读效率。因此教师的教不应局限于语言知识的讲解，还应注重跨语言文化的思维训练。

(五)英语阅读教学新模式

阅读教学是为了实现从重视知识传授到重视技能培养的转移,而阅读教学的成功与否很大程度上取决于教学是否成功。下面主要从阅读前(Pre-reading)、阅读中(While-reading)、阅读后(Pst-reading)这三个过程中,探讨具体的教学模式(PR-WR-PR)。

1. 阅读前

阅读前的活动是为学生了解文章大意做准备,它包括引出主题、提出问题、交代任务,其目的是激发学生的阅读兴趣,使学生尽快进入文章角色。一般说来,阅读前的教学任务有以下几种。

(1)扫除障碍

对于学生来说,影响阅读的最重要的因素莫过于词汇了。教师应在阅读前通过游戏、动画、图片、故事、对话等形式,设计语境导入词汇,扫除词汇障碍,从而更好地帮助学生阅读。教师可以通过"学案导学,先学后教"的方式在课前指导学生预习,并布置难度适当的预习题,能使学生明确预习的目标,从而做到有的放矢;同时有助于培养学生自主学习能力和自主学习习惯,为课堂教学的顺利进行做好心理和知识的准备。这种有针对性的预习使处理课文的节奏明显加快,为阅读课文后的巩固理解,即课文的"升华"处理赢得了时间,从而加大了课堂的容量。

(2)以旧引新

俗话说,字不离词,词不离句,句不离篇。一篇文章是由无数句子组成的,而句子又是由单词通过语法结构构成的。一般说来,一学期的英语课要教授的语法不是很多,并且语法的难度呈现的是递进的趋势。有的时候是几个单元共同呈现一个语法点,教师在教授的时候,就要经常重复这些语法点。当学习新的语法点时,教师通过重复旧的语法知识,引出新的语法点,通过对旧知识的复习,实现知识的再现和滚动,从而加深学生的印象。

(3)激活背景

语言是文化的载体,学好一门外语,不只是多背单词,更要了解异域的文化。因而教师在阅读教学之前,有必要介绍一些与文章有关的社会文化背景知识,让学生对将要阅读的内容有一定了解,从而激发学生进一步阅读课文的兴趣。例如，教授与"Easter"有关的课文，教师就有必要提前从网上下载一些文字资料进行展示，最好是在阅读前与学生谈论相关的节日信息，唤起学生已有积累的知识与生活经验，同时放映一段万圣节的图片或影像资料，并提问："What do you know about Halloween？"，让学生交流观后感，得出一个大致的结论："It's an autumn festival."，进而引出学习的目的，而后通过进入课文，一步步地解决问题，这样课文中的难点也就迎刃而解了。

2. 阅读中

传统的阅读课通常是通过判断正误、提问、解释句子及翻译等几种活动来进行。心理学家古德曼（John Gottman）认为阅读是一种"心理语言学的游戏"。学生在阅读中可以了解课文中的一些语言现象，进而获取较详细的篇章信息。阅读的过程，实质上是认识层次的推测与验证相互交替的过程，因而这里所要谈论的阅读中的策略是强调阅读过程的分析，而不是针对传统的阅读结果。阅读中的教学主要有下面几种。

（1）略读（Skimming）

贝弗里奇（William Beveridge）曾经说过："正确地略读可使人用很少的时间接触大量的文献，并挑选出有特别意义的部分。"可见略读是一种选择性阅读，对于信息也是有选择地获取，因而并不要求学生逐词逐句地阅读。略读的目的是尽快了解文章的大意或中心思想，所以学生可以有意识地略过一些词语、句子，甚至段落这种策略注重的是文章的大意，而不是细节。

在略读中，我们要关注的是文章属于什么题材，涉及了什么内容，然后在阅读的过程中，要注重文章的第一段和最后一段，以及各段的第一句和最后一句，因为，第一段是一篇文章的大概，有助于我们抓住主要情节和论点，而各段的首句和末句则给我们提供了文章的线索。具体说来，略读时应该注意使用以下技巧。

①注重文章的题目、小标题、黑体字、斜体字及划线部分。文章的题目常常是文章内容的宗旨，利用题目我们可以对文章的内容做到心中有数。而小标题是各部分内容的概括和浓缩，至于黑体字、斜体字和划线部分通常是作者提醒学生加强注意的重要信息，也是考试的重点。

②着重阅读文章的第一段和最后一段，以及各段落中段首的主题句和段尾的结论句。文章是由段落组成的，段落是由句子构成的，然而并不是东拼西凑的，而是有一定的章法。一般说来，文章的首段是对全篇的综述和概括，尾段往往是总结。在段落中也是一样，首句通常是主题句，而末句常常是结论句。掌握文章和段落的这种结构有助于有效地略读。

③注意关键词语和关联词语。关键词可以反映在特定的场景下谈论什么话题，因而大多同文章的主题有关，利用关键词可以推测文章的主题。关联词包括很多种，有表原因、递进、顺序、转折的等。通过关联词，我们可以预测下一段与上一段的关系，由此判断作者的思路和观点。

（2）跳读（Scanning）

跳读的目的是根据问题去寻找答案，尤其是在时间来不及、不可能进行通篇阅读、而对选择题的几个选项又无法判定时，宜采用这种策略。跳读是为了准确定位详细而又明确的信息，在采用该种阅读方法时，一般需要采取以下步骤。

①读懂问题，并大致了解四个选项，确定所要寻找的是哪类信息，以及这种信息以何种形式出现。例如：如果你想知道是谁做了某事，你就会特别关注人物；你想知道某事的发生时间，你就会寻找日期。

②根据问题提供的线索，快速回到原文中去，明确到哪里去寻找所需的相关信息。

③快速搜寻，找到你所需的信息后，认真阅读上下句，并对其进行加工处理。对于阅读问题中要求选出的时间、地点、人物、做事的方式、事情的起因、结局之类的信息，可以边读边划下来。

④对于与本题无关的信息，可以略过。

⑤再返回到阅读问题中，比较问题的4个选择项，然后确定哪一个和文章中的信息是一致的。

在平时的训练中，教师应该注意对学生这方面的培养。无论是在日常的运用中还是考试中，如果对每个词、每个句子都细细咀嚼是不现实的，尤其是对一些通知、广告之类的应用文，略读可以快速地进行信息的比较、筛选，提高解决问题和信息处理的能力，从而达到高效准确的实用效果。

运用这种阅读策略需要注意的是，对于一些关键词和关联词，在平时的训练中要及时总结，这样在考试中可以提高解题的速度。比如表示空间顺序的词语有"on the top of, in the middle of, at the bottom of"等；表示文体顺序的单词及词组有"firstly, then, after that, for example, in addition, finally, in short, in a word, generally speaking, shortly speaking, therefore, in conclusion, for this reason"等。掌握了这类的关键词，可以提高学生对关键词的敏感度，从而节省时间。

（3）寻找主题句（Looking for Topic Sentences）

确定主题思想是正确理解文章的关键，而要想确定主题思想，就必须找准主题句。主题句一般概括了文章的大意，结构简单，一般不采用长、难句的形式。

并且段落中的其他句子必定是用来解释、支持或发展主题句的。主题句的位置通常出现在开头和结尾，但也不排除在中间的位置，还可能无主题句。在这里我们主要介绍3种情况。

①主题句在段落开头。主题句位于段首的可能性最大，作者通常先引出一个新话题，然后围绕这话题详细展开叙述。把主题句放在段首，开门见山，主旨明确，阅读时读者很容易把握。

②主题句在段落结尾。如果主题句位于段尾，那么作者通常采用归纳法撰写，也就是采用分述"总结"的模式。主题句往往是对上文的归纳和总结，或者是对以上的描述提出的建议。主题句在段尾通常是和一些词相关联的。比如："in short, in a word it is clear that, generally speaking, thus, shortly speaking, therefore, in conclusion, for this reason"等。当然，并不是所有出现在段末的主题句都有信号词作为标记。但从语义上看，先分述后总结的结构模式还是很容易分辨的。

③主题句暗含在段落之间。不是所有的段落都有主题句，尤其是在多段文章中。当阅读这样的文章时，我们就要抓住文章的细节，包括事实、观点、事件的分析，在大脑中形成初步印象，然后发挥自己的逻辑概括能力，综合归纳成一般概念。或是根据作者提供的事实、观点和事件对各段落中心思想进行概括，体会整个文章的主题思想。

（4）信息转换（Information Transferring）

为了把文章中的信息保留在记忆中，可以对信息进行转化，从而加深印象。在阅读教学中常使用的转换方式有：画、标题、表格、地图、循环图、流程图、树形图、条形统计图等。以上列举的转化方式使课文形式的信息变成了可见信息，这样有利于第二语言学习者在阅读中理解意义。

（5）提问（Questions Asking）

提问是阅读教学中最常用的方法之一，然而提问也是有层次的，教师在提问时应着重把握提问的频率和难度。根据学生需要掌握的信息来划分，提问包括五种类型。

第一，表层理解，即在课文中可找到问题的答案。

第二，深层理解，要求学生根据文章提供的信息以另一种形式组织或解释。

第三，推理性理解，要求学生对文章句子中字里行间隐含的意思加以认真阅读和思考，做出准确推理。

第四，评价性理解，要求学生根据材料所提供的信息做出正确判断。

第五，个人理解，这源于学生对课文内容的理解和反应。

与阅读前活动一样，在教学中应该对不同的文章给予学生目的性指导，不可能同时使用以上的所有活动。

3. 阅读后

阅读后阶段是巩固和运用所学知识的重要环节，旨在练习、巩固和拓展学生在阅读过程中所学的语言知识，并培养其说和写的能力。这一阶段的教学，教师应该充分发挥学生的创造力和想象力。并应根据学生水平，设计一些与课文内容有关的活动，给学生提供机会，让他们流畅地表达阅读后的感受。具体的方式有以下几种。

（1）复述（Retelling）

复述是一种比较有挑战性的口语练习。在学生了解阅读材料的内容并掌握了生词的情况下，教师可以让学生根据关键词和图片复述阅读材料的主要内容。

（2）转述（Reporting）

对于对话性质的语篇，可以让学生用第三人称转述所学的内容，引导学生将对话转述为描述性的语篇。

（3）填空（Blank-filling）

教师可以写出课文概要，留出一些空白让学生填，并鼓励学生尽量使用不同的词和短语。

（4）写作（Writing）

这里的写作是指对阅读材料的仿写和续写。教师可以安排学生根据所读材料写课文摘要，或者写一个广告，对产品进行具体的描述。当语篇是一篇叙事性文章时，教师可以让学生展开想象，续写故事，培养学生的发散思维。

总之，培养学生的阅读能力，是一个渐进的复杂过程，切忌操之过急。养成良好的阅读习惯是前提，兴趣是动力，必要的阅读技巧指导是关键。

第二节 英语语法与听说教学模式改革创新

一、英语语法教学模式改革创新

（一）英语语法教学现状

1. 国外英语语法教学研究

纵观外语教学史，外语教学一直是在赞同语法教学与反对语法教学两种截然不同的观点下进行的。在某一个时期，居于支配地位的就是赞同语法教学的观点；而在另外一个时期，反对语法教学的观点又被人们所推崇。语法怎样教授的争论，同语法教学地位的转变一样，也经历着类似的过程。作为形成时间最长的一种教授外语的方法，语法翻译在外语教学中长期占据主导地位，它是在教授拉丁文和希腊文的基础上发展起来的。以句子为单位的显性语法教学语法翻译，更加注重语言的形式。20世纪中期，语法翻译法让位给以句型操练为中心的听说法。此后，直接法主张外语学习不妨借鉴参考第一语言教学模式，让学生在相对自然的环境中学习外语；该法还主张语法规则应在实践过程中提炼出来，词汇学习为实物、手势等所取代，后称为暗示性语法教学。明示性语法教学需要教师将语言规则进行演绎式的解释，再指导学生进行与此有关的实践。

于是，从直接法开始，外语教学界就围绕着语法教学是采用明示还是暗示的方法而展开激烈争论。明示法就是以形式为中心进行教学，这是一种旨在通过多种途径让学生把注意力转向语言形式的教学尝试，它强调有目的地研究语法规则，使语言成分能够得到有效而精确的运用；暗示法教学重视自然环境的影响。学界不少人强烈反对把语法作为明示教学来使用，认为语法不能进课堂活动是因为语法所起的作用仅具有边缘性，研究语法形式对于习得而言并不靠谱。明示性语法教学重视语言形式，似乎具有语言意义及其运用趋向；暗示性语法教学突出了语言的含义和它所运用的情境，而忽略了语言运用的准确性。两者各有长处和短处，其最佳途径就是将两者有机结合起来。

纵览各种不同的语法教学观，国外有的学者将对语法教学持不同观点的学者们归纳为三类：反对派、中间派、赞成派。反对派认为分析语法特征对于提高外语学习者的最终语言应用能力毫无意义，因此明确表示反对任何形式的语法教学；中间派既不否认语法教学的积极意义，也不赞成过于强调语法教学；赞成派则认为，语法教学是语言教学的关键。[1]

国外的教学法注重实用，语法教材都能体现这一特征。教学内容贴近学生生活，在简单的规则说明之后还有大量与生活密切相关的生活实例作为巩固，多数学习者可能会产生类似的体验，因此易于理解。再次做相似的练习时，学习者不仅能熟记语法规则，而且还能学到对应的表述。除使用平易的课本讲授规则之外，采用不同游戏加以深化也为多数国家教学的选择，即学生通过活动体验语法规律来推动其学习动机，以提高语法教学效果。

尽管国外语法理论相当成熟，但是在中国，英语这门外语也需要进一步摸索出合适的语法教学模式与方法。

---

[1] 王磊.高校英语教学转型发展研究[M].长春：吉林人民出版社，2019.

2. 国内英语语法教学研究

我国英语教学方法研究开始于19世纪，兴起于20世纪70年代后期并在当代兴盛。国内以混合型学习群为对象的语法教学研究源于赵璞对中国学生英语学习困难之处——虚拟语气及教法的阐述，后续研究则是从宏观及微观两方面展开，如黄和斌从宏观角度出发，对16世纪至20世纪的英语传统语法教学概况进行阐述，着重探讨19世纪英语传统语法教学内容及方法的优缺点、对中国英语教学的影响。在我国对学生语法教学的研究中，马富康是唯一结合实例来说明如何用情境来引出语法点的学者，并通过师生互动交流、归纳总结、巩固操练和步骤教学法的综合应用等，教授英语语法。

我国传统英语语法教学主要采用研究法，归纳法和演绎法是其代表。教师要求学生熟读语法规则，并不断分析句中词汇形式和已学过的语法规则是否一致，结合某些不贴近生活的实例，然后对分散的语句进行机械训练，力求使学生理解语法规则，但是学生无法真正掌握语法知识，更谈不上语言运用。

如今，多数专家和学者已经意识到语法的重要作用，英语教学大纲中也有关于语法教学的明确要求，新课标中还对每个年级的英语教学提出了目标和要求，所列非常详细的语法项目表充分体现出了教育部对于英语语法教学工作的高度重视。在教学改革不断深化的背景下，教师由重语法、轻语法再到正视语法，国内语法教学发生多次变化。英语语法教学法由原来的翻译法、归纳法、演绎法发展为今天的听说法、视听法、沉默法、交际法等各种教学法。

我国英语课堂中语法教学地位与作用，伴随着语法理论的不断发展与改革而随之发生着一定的改变，现如今语法教学形式更加多样化，辅助手段更加丰富，在语法教学中发挥着更好的教学效果。教师也渐渐清晰地认识到，新课程改革背景下，语法教学不仅要强调语言的交际作用，还要将语法知识内化为正确运用语言的技能。

总之，虽然新课改之前国内外对语法教学法进行了多方面、多层次的研究，但是却很少对我国高中英语语法最终应用中的重要方面——高考进行研究。尽管各种语法教学方法均有自己特有的优越之处，但毋庸讳言，英语语法教学实践也还存在一定的问题,如传统外语教学认为,经过大量语法翻译练习便可掌握语法,而掌握语法就等于掌握语言。该教学法有较大的缺点,即忽略口语和听力训练,学生没有受到听、说训练,导致口头交际能力差,过分追求语法精确性、忽略学生语言创造能力、没有充分发挥语言学习者的主观能动性等。听说法,让学生有充分的语言环境进行沟通,却无法准确地学习语法知识,易让学生在作文及考试中出错,语法规则也无法被正确地内化。所以,新课程改革中,广大教师与专家都在讨论具有针对性的语法教学模式问题,这对学生语法基础知识的掌握、语言的使用,都起着行之有效的促进作用。

(二)英语语法教学理论依据

1. 教学中的情感教育

《心理学大词典》指出:"情感是人对客观事物是否满足自己的需要而产生的态度体验。"[1]

在普通心理学的课程中,情绪和情感被定义为人类对客观事物所持有的态度和体验。其中,知识情绪更倾向于个体基本需求和欲望上的态度和体验,而情感则更倾向于社会需求和网络态度体验。

情感是人类内心深处的一种情感体验,它属于非智力因素中的一种,包括但不限于仇恨、厌恶、幸福和美感等,这些都是情感的具体体现,对人类的认知和事件活动产生着深远影响。

情感教育在塑造学生健全人格、塑造和发展学生良好品德、促进学生社会化,以及建立良好人际关系等方面发挥着至关重要的作用。

在新课程改革的大背景下,教育部明确提出,英语课程应当注重培养学生的情感素养,使其在学习过程中具备独立思考和判断的能力,发展与他人沟通和合作的技能,提升跨文化理解和交际的能力,树立正确的人生观、世界观和价值观,增强社会责任感,全面提升人文素养水平。英语教学已经深入融入了情感教育理念,这一教育理念也引起教育部门的高度重视。因此,英语教师需要在英语课堂中全面贯彻情感教育。在英语语法教学中,恰当的

---

[1]朱智贤. 心理学大词典[M]. 北京:北京师范大学出版社,1989.

情感教育不仅有助于青春期学生的成长，同时也能够改善教学效果，教师可以尝试从学生的视角出发，探索英语语法教学策略和方法。

2. 交际教学法

在英语语言教学的过程中，语法教学不仅是英语学者们所关注的核心话题，同时也是一个引发激烈争议的话题。

在20世纪70年代初，出现了一种以语言功能为核心的交际教学法，其重点在于培养学生的语言交际能力，强调对语言意义的表达和实际应用。在我国，交际法被视为一种重要的教学方法。20世纪80年代起，李筱菊等人在中国英语教学中引入交际法，使得交际教学法备受推崇，成为外语教学的主流思潮。在英语课堂中，出现了一种趋势，即淡化了对语法教学的重视，而将教学过程交际化，这种趋势对语法教学的地位和作用造成了较大的冲击。

实际上，交际教学法并未对语法教学产生任何排斥作用。交际法主张将语言学知识应用于英语教学过程之中。首先，交际法强调将语言置于真实的语境中，以确保其在不同的语境中得到恰当的运用和表达。因此，它能帮助学生更有效地理解话语含义，并使其成为一种有意义的交流形式。其次，交际法强调以信息为中心，认为语言的主要功能在于社交交际，而说话人的语言输出与听话人的语言反馈之间的契合度则是成功交际的重要标志。最后，交际法重视语用因素的影响，强调语言运用要符合交际规则，注意话语意义与语用含义之间的关系，注重语言表达效果和情感体验。所以说交际法是一种行之有效的教学方法。语言的交际能力是一项高度复杂的能力，需要在语法的精确性、表达的可理解性、可接受性、语境的适宜性，以及表达的流畅性等多个方面达到较高的标准。

二语习得研究表明，通过有效的交际方式，学习者的交际策略和口语流畅度得到了显著提升，但语言能力的提升却微不足道。语法教学一直以来都是英语教学中比较薄弱的环节，在外语教学实践中存在着诸多问题。通过语法教学，可以促进学生对语言形式的深入理解，推动其内在语言能力的全面提升，从而提高其语言交际能力。在英语教学中，教师应当注重培养学生运用英语进行交流的能力，使他们能够有效地利用有限的时间获取更多信息并加以加工处理。在英语语法教学中，交际策略是一项不可或缺的策略，因为它与语法教学相辅相成、相互促进。

（三）英语语法教学新模式

1. 新课改背景下英语语法教学应遵循的原则

为了更好地适应新课改背景下英语考试的单选题变化，我们可以遵循以下准则，以优化语法教学的效果。

（1）时效性

尽管英语语法的内容没有多大变化，但随着新课程改革的推进和考试的要求，英语语法教学内容必须与时俱进，以适应时代的变迁。在英语语法的授课过程中，英语教师应当增加一些具有时代感、贴近学生日常生活、能够激发学生兴趣的实例，以帮助学生在已掌握时事知识的基础上更好地学习语法。

（2）实践性

学生所追求的语法学习目标在于参与语言实践活动。语法教学重点在于通过大量的语言实践活动，让学生深入探索和发现语法规则，从而实现讲解与实践的有机结合。

（3）渐进性

在教学过程中，应该采用由浅入深的方式，全面掌握语法知识的广度和深度，逐步分散难点，特别是那些语法结构较为复杂或数量众多的语法知识和试题。

2. 新课改背景下英语语法教学策略

为了适应新课改的具体要求，为了更好地贯彻新课标，我们需要在语法教学中延续传统教学中的合理有效部分，还需要进行调整改革和创新，以达到更好的教学效果。

（1）交际策略在语境中的应用

在进行语法教学时，不应将某一语法单独呈现，而应先引导学生进入包含某一种语法的语言交际中，使语法与语境相互融合，从而达到更好的交际效果。因此，语法教学不能只停留在对句子结构的分析上，还需要培养学生使用语法结构进行交流沟通的能力。学生是语法教学的核心，因此在教学过程中，教师应该引导学生积极参与，通过各种活动让学生在语言环境中感受语法，在语境中运用语法并进行归纳总结，从而激发学生的学习热情，提高他们的学习兴趣。

（2）采用自主学习的认知策略

在新课程改革背景下，为了确保学生能够自主学习，教师的语法教学需要根据学生的实际情况重新构建认知策略，并对教学内容进行重构。在学生自主学习的过程中，教师应当担任引导者的角色，协助学生对所掌握的语法知识进行系统化的归纳和梳理，从而使学生能够全面掌握语法知识。在授课过程中，教师可以采用"观察—发现—讨论—归纳巩固—运用"的教学模式，而在冲刺复习阶段，则可运用"集中呈现—对比分析—专项梳理—巩固运用"的复习模式。同时，让学生在探索的过程中，通过完成学习任务，逐渐掌握语言形式和规则，从而达到更高层次的学习效果。

学生的自主学习过程也就是启迪学生思维的过程，可以使学生对所学知识点进行整合，增强语言综合运用能力。

（3）积极乐观的情感策略

教师在进行语言教学时，既要正视语言、语言学习者认知与情感的特点，又要处理语言学习过程中的人际关系。因此教师在进行语法教学时，要营造一种民主、和谐、宽松的环境氛围，建立良好的师生关系，降低学生学习英语语法的恐惧感和焦虑感，使他们对英语语法感兴趣，从而产生学习英语的动机，奠定学习英语的情感和兴趣。

（4）语篇与融入语境策略

新课改背景下考试题目的重点是考查学生语篇能力与应用能力，语法难度要求大幅度降低，但学生语法掌握与运用的能力要求提高。因此教师在进行教学时，除做好基础语法知识复习工作之外，还要进行具有针对性、层次性及选择性的教学设计。紧扣考查范围，注重语篇与语境相融合，在练习中不断总结经验教训，正确指导学生的学法和考法，培养学生综合语言运用能力，以激发学生学习兴趣，彰显新课标的教学目标。

3. 新课改背景下英语语法教学方式

改变英语考试单选题就是改变英语教学结构，同时又符合新课标提倡发展学生情感态度、学习策略及文化意识。教师要根据教学对象及教学内容，将语法教学与学生情感态度及学习策略的培养相结合，并将其灵活融入各项交际活动及课堂任务中去，充分体现语法教学过程中应用为前提、应用为目的、应用为中心的教学理念。

（1）从学生对语法学习态度入手

尽管学生思维方式是在不断的发展过程中走向完善的，但是较为单一，容易受到他人的冲击。教师要帮助学生清楚地认识到英语语法在英语学习过程中所处的位置及作用，摆正学生的英语学习态度，使学生树立积极、乐观、向上的学习态度和考试心态，为他们树立一个好榜样，构建一种亲切的师生关系，打消他们对英语的抵触心理。

（2）以培养学生独立学习语法为切入点

语言这门学科具有很强的实践性，学生若能亲自去观察、去发现、去归纳，效果要比教师讲解好得多。

英语语法教学倡导教师要从学生情感特点入手，培养学生的自主学习素养。教师在教学中既要钻研教材，以激发学生学习兴趣、捕捉学生学习注意力，又要为学生营造一个轻松愉悦的课堂环境、让他们处于最佳学习状态。

在教学中更加重视对学生情感态度的培养，是英语新课标目标之一。现今使用的英语教材，在介绍英语语法知识时主要采用话题教学，内容题材广泛，而且大多涉及人文科学与自然科学，与生活联系较紧密，因此体现出较强的实用性特征。将情感元素融入教学过程中，同样能够体现教育意义。语法教学更多的是人文化、情境化的教学，使学生通过体验与参与获得知识，愉快地学习并产生成就感与自我满足感。

（3）以学生学习需求为出发点

语法教学应以学生为主，使他们在情境中领会、理解和运用语法规则。因此，教师教学不能脱离实践，应该在语境下开展语法教学，使其更加情境化、生活化，更应该在创设情境下开展语法教学，使其更加直观化。语法句型练习中的语句要贴近生活，最大限度地减少枯燥乏味的机械训练。要想优化语法教学内容，使学生能在真实情境下感悟语法，就必须了解学生学习特点、学习风格、学习需求，解决学生遇到的现实问题。

（4）基于学生认知特点

学生在学习上具有较强的接受新事物的能力和记忆力，但是又表现出重复学习又重复遗忘的特点，因此教师在讲解语法概念时要力求浅显，同时要更加重视举例，练习与实用相结合，使学生在反复地接触与使用语言的过程中，体验与感悟语言规律并归纳出语法规则，从而增强学生的语言思维和探究创造能力。教师在课堂上营造一个好的学习氛围，通过平等耐心地沟通来激发学生学习的热情，使他们在轻松愉悦的氛围中学到知识和提升能力，这需要教师有效学习，突出教学设计重点。

（5）以学生的学习目标为出发点

英语课程以发展学生英语综合运用能力为总体目标，教师要利用各种活动形式，使学生广泛地参与其中。因此，教师在语法教学中可将教学内容设计为音乐、体育活动等与学生生活密切相关的活动，而非简单的讲解与实践。设计活动应兼顾学生水平，活动形式应由浅入深、层层递进，时间应合理安排，使学生通过语言实践活动，对语法进行探究、学习和归纳。

二、英语听力教学模式改革创新

（一）英语听力教学的实质、原因与意义

1. 听力理解过程的实质

听，作为一种语言交际方式，在语言实用能力中占有重要地位，它既有利于促进说、读、写等技能的进提升与巩固，又是汲取语言营养的必要渠道和语言交际能力培养的首要层面。英语听力，即以英语语言作为中介的口头交际理解能力。在语言理解的过程中，把握语义内容可从词汇辨识、由音及义到语音形式的辅助等方面进行。它在心理学上是指经过耳朵的倾听过程，由大脑将听到的信息加工处理，最终精确地产出英语中词汇和语法关系含义的一种能力。那么，听力理解的过程到底是什么过程呢？

目前学界最为认可的便是安得沃（Underwood）对听力理解过程的解释，在他看来听力的过程分为三个阶段。

第一阶段：语音信号被输入记忆库中，听者将这些语音按照他们已获得的知识转换为含义丰富的单词或者词组。

第二阶段：大脑将这些信息加工、整理后和长期记忆中长期储存的信息相对照，同时获得这些单词或者词组的含义。

第三阶段：听者一旦明白语言信息的含义，便将这些语言信息传递至长期记忆中存储起来，以便日后利用。

2. 听力问题产生的原因

听力理解是个复杂的心理语言过程和创造性思维过程，它涉及记忆思维、分析判断、综合归纳等多种因素。

在听力学习中，学生面临的最大的问题是无法将听到的信息通过听觉神经系统直接传输至大脑，学生在听英语的时候习惯看课文和听录音，总要把听到的信息从英语翻译为汉语，借助母语来理解听到的信息，而非直接把语音变为某种情境，这必然会使反应时间加长，导致听者跟不上讲话人。同时，多数学生没有系统掌握英美等国家的历史文化知识，对英美等国家的一些生活习惯、风土人情及生活方式等不够了解熟悉，于是就会在听力理解方面出现一些问题。

教师在执教生涯中常会发现，有的学生求胜心切，渴望做听力题，可一旦碰到不懂的词或句便开始心烦，其结果是越着急越听不明白。此外，还有部分学生在听力课上心理准备不足，教师一放录音便手足无措，有时仅能听懂零零碎碎的单词、短语，此时他们内心会出现恐惧、焦虑，甚至会怀疑自己的听觉能力，这无形中会为自己在信息输入方面构筑障碍，进而影响听力结果。具体表现有以下几点。

（1）语音难度

语音是语言中最基本的元素，提高听力必须先过语音关。发音不准确则无法理解和正确理解所听的标准发音内容。部分学生平时对英语单词不够重视，更不用说读音是否正确，就算词汇量再大也会影响对听写材料内容的正确理解。还有部分学生虽然能读对单个词汇，却听不懂连读、弱读、失去爆破、重音移动等会引起某些读音在语流上的发音变化，导致不能正确地识别和领会听到的材料含义。

（2）语法难度

有相当一部分学生语法知识较弱，即便能够听清楚听力语音材料，却不能正确地理解所听的语音含义。

例如："You should have told him the news."

假如听者对虚拟语气在句子中所起的作用很熟悉的话，他们就会理解这句话的意思是"应该将这一信息告诉他，但是实际上他们并未告诉他"。

（3）词汇难度

听力理解的质量受到词汇量大小的直接影响，因此词汇量的充足与否在英语听力中具有至关重要的作用。阅读时，若遇到生词，我们可以通过上下文推断其词义，但听力与阅读存在差异。此外，由于听力具有时间限制，短暂的一两次播放瞬间即逝，无法再次或反复聆听，这使听力成为一个相对复杂的过程。在有限的时间内，听者不仅需要聆听语音，还需要进行意义辨析。如果在连贯的语流中出现生词，那么将会增加整个句子乃至整个语篇的理解难度。因此，听力的要求在于听者必须具备一定的词汇储备，以应对复杂的语言环境。当然，词汇的扩充不仅仅是数量的增加，更是对现实生活文化紧密相连的有意义词汇的积淀。即便是已经掌握的词汇，在不同的语境中也会呈现出各自独特的词义。如果学习者不能正确地理解词义，那么就很难准确地掌握语言知识和技能。为了确保学生能够准确理解其不同的内涵，教师需要培养学生正确深刻理解词汇意义的能力。

（4）传统教学训练模式难度

传统的"听录音、对答案"训练模式未能与新课标相适应，导致基础较好的学生只能学到零散的单词或短语，而基础较差的学生则常常一无所获。因此，许多教师把大量时间花在讲解语法知识、词汇及句型操练上，却很少注意培养学生的自主学习能力。长期以来，这种教学模式不仅会引起学生的恐惧和焦虑，而且还会削弱他们对英语学习的热情。

3. 解决听力问题的意义

对于听力教学而言，深入分析学生在听力过程中所遇到的问题，并采取相应的对策加以解决，具有至关重要的意义。通过调查问卷和访谈等方法，教师可以深入了解学生所面临的问题，并根据问题类型，采用对应的解决方案。

由于考试大纲的限制，学生在听力方面就会面临特殊挑战，这是因为在他们所接触的语言材料中，大多数单词都是由他们所学的词汇构成，生词则相对较少。因此，教师在教学中应该尽量选择那些具有代表性的词汇进行训练。教师在所选的听力材料中应有意识地扩大与材料内容相关的词汇，并对有关的人名、地名、专有名词、习语、谚语等加以讲解,并解释特殊词的读音规则。这些都可以帮助学生克服听力障碍,提高学习效率。另外,还应该注意提高学生的分析能力和理解能力。对于那些在语法方面表现优异的学生而言,他们经过多年的积累,已经掌握了相对较多的语法知识。然而,当他们聆听那些语法结构稍显复杂的国外原版材料时,却会在理解上存在一定难度。对于那些学习成绩较差的学生而言,他们在理解文章意思和理解语句方面更是面临着相当大的困难。因此,教师必须针对听音展开有针对性的指导,以确保学生掌握良好的听音技巧。

英语作为一门语言,其主要特点之一就是它与其他国家有着广泛而密切的联系。由于学生将大部分时间用于备考,而非大量阅读欧美国家的文化知识,在听力理解方面就会面临一定的困难。提升学生在语音、语速、听力习惯等方面的能力,有助于他们更好地理解听力材料的含义。英语听力材料在考试中呈现出与正常语速相近的特征,听力语速的快慢会直接影响考生对听力材料含义的理解水平。此外,学生如果不能养成良好的听力习惯,就会降低他们的听力答题准确率。因此,教师在组织英语听力教学活动时,必须根据学生自身情况进行针对性指导,提高其理解能力及答题正确率;在设计听力教学情境时,必须充分考虑不同班级、不同程度学生的特点,并采用相应的教学方法,这对于解决听力问题具有至关重要的意义。

(二)英语听力教学的理论基础

1. 图式理论

(1)图式理论与图式分类

图式(schema),即个人以往获得的知识存储于大脑中的方式,是大脑对以往经验的反映或者组织,是对所获资料的重构与转化。图式会受到听者以往经验的影响,图式对于学习者学习新的信息及如何把这些信息充实到知识库中具有重要作用。图式在认知心理学中具有重要的概念意义。

人们将图式理论界定为一种关于背景知识对于语言理解影响的理论,即读者或者听者利用图式知识来理解语言的方式方法。实际生活中,储存于人头脑中的多种知识与经验构成了工作图式、学习图式及生活图式等不同单元的图式。

图式有内容图式与形式图式之分。内容图式是与语篇内容相关的背景知识；形式图式是不同语篇在材料形式、组织结构等方面的背景知识。根据图式理论，听力能力是由语言图式、内容图式及修辞图式3个因素所决定的。

①语言图式。语言图式是学生对语音、词汇、语法、语用、语篇的认知。语言知识对外语听力有着举足轻重的影响，它是听力理解的基础。听者如果没有很好地掌握听力图式知识，那么就无法通过输入听力材料编译码，不能依据材料语境线索在脑海中启动内容图式与形式图式，理解听力材料内容将会困难重重。

②内容图式。内容图式是学生对于听力材料主题及内容范畴的认知水平，具有深刻的文化色彩。没有涉及材料的背景知识，不能同材料内容进行互动，调不出来与其内容相联系的内容图式，导致学生难以理解听力问题。

③修辞图式。修辞图式是对素材的体裁和篇章结构等的认知。如果一个学生语言水平不高，对于材料内容又比较陌生，那么他就会很难听懂具体含义。当学生对修辞图式有一定的认知后，懂得记叙文、议论文及说明文各文体的结构特点，这会帮助学生更高效地理解材料内容。

以上3种图式中，语言图式为另外两种图式提供了依据，如果没有把握一定基础的语言图式，那么听者将难以拥有对材料中词汇语句进行辨认的能力，也不能有运用材料所提供的信息调用对应内容图式与修辞图式的能力。具体听音时，输入听觉系统中的信息除会运用必要的语音、语法及其他语言图式外，还会运用内容图式与修辞图式进行分析、综合和评判，从而实现对语言的理解。所以说，图式理解这3种形式是听力理解不可或缺的。

（2）图式理论对听力理解的影响

实践表明，图式对听力理解中的信息提取起着重要作用，对阐释篇章内容有一定的借鉴作用。在倾听信息的过程中，篇章内容与听者脑海中的图式知识相整合，构成一种全新的、更具体的图式，这种图式可以帮助听者排除歧义，进行精确判断。图式理论认为听力是"外部信息"激活"内部图式"，生成"预期信息"，然后通过"预期—证实—扩展—修正—再预期—再证实"进行思维循环。高效率的听者在听音时会主动用脑，运用脑中原有的图式知识全面理解篇章内容。

实践教学时，教师可以在听音之前给出一些和待听材料有关的词汇、背景知识和其他信息，以辅助学生理解听力内容。由于学生大脑中存储大量的听力知识和背景知识，当学生在听力中遇到这些相关信息时，他们大脑中的图式知识就会被随时调用，从而可以实现快速分析、综合判断和输出精确信息的目的。教师培养学生听力兴趣时，必须投入更多学生感兴趣的辅助信息来帮助学生迅速调动脑海中的图式，最终实现理解课文内容和产生听力兴趣的目的。

2. 自上而下模式

自上而下模式（top-down processing mode），兴盛于20世纪80年代初，当时又称"宏加工模式"。这一模式认为听力理解是从听话者脑海中原有知识出发的，并非从语言材料本身出发的。听话者不过是利用所听声音为线索，用以对说话人的本义进行再构建。听者构建所听声音信息的含义，一方面猜测下文，一方面不断地肯定与否定原猜测，直到完成全部听力活动。这一模式强调，认知对解释多种语言及非语言感觉输入、记忆信息检索、组织行动、分配资源、控制加工过程等环节具有重要作用。自上而下模式针对自下而上模式中存在的薄弱之处，认为语言知识本身不能彻底解决听力理解这一难题，过于强调图式和情境知识的重要性，反而忽视语言知识的功能作用。

3. 自下而上模式

制定教学策略的关键在于根据具体的教学需求，选择最适合的训练方式，以确保教学效果最大化。在听力学习中运用学习策略有助于提高学生的学习效果，但并非所有策略都适用于任何情况。针对不同的学习者，其所需的训练方式存在差异，因此不同的训练方法也会对其产生不同的要求。听力是语言学习中最重要的环节之一，在制定听力技能的训练方案时，必须充分考虑到学习者的个体差异、教学内容的多样性以及教学阶段的个性化需求。

自下而上模式（bottom-up processing mode）是一种强调语言形式本身的听力理解方式，它从声音的解码开始，一直延伸至获得意义。

在自下而上模式中，听者根据自己对语音信号和语境的经验，以及先前积累的词汇、语法等方面的知识来确定其目标语。通过对语言材料进行分析，听者将其划分为多个感知阶段，并按照规定的顺序将最初的语音输入转化为更为抽象的信息。这一模式认为，人们对口头语言的理解是一种从局部到整体的过程，通过对语言进行线性的加工来实现。对于构成单词的语音信号、构成短语或句子的单词及构成连贯语篇的短语或句子，需要进行分割和理解。这种观点一直延续至今，并被广泛用于各种外语课堂教学实践之中。由于该模式的影响，外语教学中存在一种误解，即学生在听力材料中若无语言知识难点，便能轻松理解材料内容。

在进行听力教学时，教师应当先对学生所不熟悉的语言知识点进行详尽的阐述，接着再对学生在听力理解过程中所遇到的各种现象进行合理解释，如语言知识在整个听力理解过程中所扮演的"角色"。这种解释有助于帮助学习者更好地掌握语音、词汇等基础知识，以及运用这些基本知识去分析和解决问题，从而提高英语水平。

对于复杂的听力理解过程，仅从语言知识的角度进行解释，显然是将其简化为一个简单的过程。事实上，许多听力活动都可以看作一个由多个环节组成的连续系统。有时候，即使没有语言障碍，听力材料仍然可能无法被理解，这是一种难以解释的现象。因为自下而上的模式无法全面解释听力理解的过程，所以需要采用更为高级的解释方式。因此，听力内容的理解需要建立在听力材料本身的语言知识基础之上，也就是采用自下而上的模式。

（三）英语听力教学新模式

1. 听力技能训练模式

听力技能（listening skills）训练的方式很多，教学策略性就在于根据具体的教学需求选择适当的训练方式。不同的训练对训练方式的要求不同，不同的学习者所适应的训练方式同样存在差别。因此，在选择听力技能的训练方式时必须关注到学习者的差异、教学内容的差异和教学阶段的差异。

（1）听力技能内涵

要训练听力技能必须明确都有什么听力技能。对于听力来说，应该训练的技能主要有以下几种。

①语音解码。语音解码能力是听力的基础，不能自动识别语音语调则难以理解来自语音符号的信息。语音解码包括对音节、重读、连读、意群、节奏和语音、语调等方面的解读，因为所有这些都会影响听者的理解。如：

John said, " My father is here. "

"John, " said my father, "is here. "

这两句话的意群不同，所表达的意思也就不同了。

很多中国学习者因为不习惯于英语的连读、送气减弱等语音现象造成对所听信息的错误理解。语音自动解码能力是听力教学的起点和基础。

②选择注意力。所谓选择注意力是指在听的过程中能将注意力集中于某具体信息或者是文章的总体信息，否则在听的过程中就可能受到来自信息源、各种信息的干扰，影响对所欲获取信息的提取。注意力的选择与听的目的有关。如果听的目的是获取有关事故发生地点的信息，听者就必须能够把注意力集中到与地点有关的信息上。如果听的目的是了解事故发生的原因，听力就应该能把注意力集中到原因表达方式上，如"because of, on account of, for, as a result of, lead to, bring about cause"等短语上，或把注意力集中到事故前后的相关事件上。

③大意理解。大意理解是听力理解中的核心技能要求之一，要求听者能够综合所听信息判断其反映的主题、话题等。由于听力中听者倾向于关注具体信息，加之听力对短时记忆能力的要求，很容易出现听者只见树木不见森林的现象。大意理解对听力教学来说是必须训练的技能。但是，由于所听材料自身的问题，并不是所有的听力都可以设计大意理解活动，也不是所有的学习者都需要训练大意理解。例如，小学阶段由于听力材料的局限性及儿童认知特点，一般不做大意理解的技能训练。

④细节理解。与大意理解不同，细节理解是所有听力教学都必须关注的技能。细节理解表现形式很多，可以是信息的判断、信息的提取、信息的再现，而细节理解的训练方式也是最多的。教学策略的本质就在于能够根据要求选择适当的训练方式。

⑤推理推论。推理推论是高层次技能，对于听力来说，推理不仅包括理解事情的前因后果，理解说话者的言外之意，更要理解语句的言外行为和会话含义。语言具有言内行为、言外行为和言后行为之分，交际中只有正确理解说话者的言外之意才能有得体的言外行为。

⑥词义猜测。根据上下文信息判断说话者所表达的含义是信息理解的

基础，听者总是要根据上下文的信息判断说话者在讲什么、将要说什么。因此，词义猜测也就成了必需的一种能力。

⑦记笔记。记笔记其实是听力的一种常用技能。有时打电话时我们需要记录对方所说信息，如见面的时间、地点；听报告时也需要做适当的笔记；有时为了避免遗忘，我们也会就所听内容做适当听力技能训练与记录。因此，做笔记不只是为了训练书写能力，更多的是为了培养应用能力。

（2）技能训练的环节

听力教学的基本模式告诉我们，听力教学由准备、呈现、训练、应用等环节组成，训练的环节应该是在呈现环节之后，环节之前。当然，实际教学中也可能把训练安排在应用之后，也就是，当通过应用发现学习者某项技能的问题时就可以进行专项的训练。

与其他环节不同，训练要求一定的频度和量，而应用可以是一次的行为，呈现也是一次的行为。如果只安排了某项技能的一次性活动，那么活动就起不到训练的作用。

训练可以是基于情境的训练，也可以是脱离情境的专项技能训练。也就是说，训练时可以将某项技能分解，而应用则需要听者整体把握。

（3）技能训练的方式

每项技能的训练方式都不是一种，教师在设计课堂活动时必须先明确训练的目标，然后分析教材，分析学习者的需求，否则难以选择恰当的方式。

2. 听力技能应用

教学的策略性告诉我们，没有应用就没有技能的掌握。要帮助学习者掌握听力技能就必须在训练的基础上进行。要设计应用性的活动，必须明确什么是应用。

（1）应用的含义

所谓应用就是在未经告知的情况下学习者能够运用某种技能解决问题，完成任务。

与训练不同，应用前并不明确所使用的技能；与训练不同，应用必须是新的语境、新的任务、新的问题；与训练不同，应用要求活动具有真实性，人物角色具有真实性，活动目的具有真实性，活动形式具有真实性。

（2）技能的应用

要设计技能的应用活动必须明确每项技能的具体体现。大意理解是听力的一种技能，但如果只是让学习者听后判断听力材料的主题则不是技能的应用，因为学习者在理解时所利用的不是听力理解大意，而是运用了某种技巧帮助自己理解大意。因此，在设计听力技能应用活动时必须明确每项技能的实践方式。

以推理判断为例，学习者可以根据各种方式进行推理判断，如表示拒绝的方式可以是直接拒绝，可以是先表示接受然后转折陈述不能接受的理由，也可以是提供解决问题的其他方式。听者就可以通过这些信息判断说话者是接受还是拒绝。如果训练时借助这些技巧进行推理，我们就可以设计新的语境，让学习者判断回答者是接受还是拒绝。

再以词义猜测为例说明。词义猜测的方式很多，可以利用上下文；也可以利用同义词、反义词，还可以结合后面的例证。如果训练的是根据上下文猜测词义，在应用阶段就可以给出一个新的语境让学习者猜测单词在新语境中的意思。但是，学习者能够理解并能够回答问题不等于学习者能够利用所学技巧，尤其是当问题采用匹配和选择的形式时，因为匹配与选择会涉及很大的猜测成分。即使是回答问题，同样会出现回答正确却未能真正理解的现象。要评价学习者是否真正能够应用某个策略，在教学活动反馈时可以采用让学习者介绍自己是如何判断的，也可以给出集中选择让学习者选择自己的判断方式。

3. 听力技能评价

（1）听力技能评价内涵

听力技能的评价是评价学习者是否能够运用某种技能获取信息、理解大意进行逻辑判断等。重要的是，还评价学习者是否能够正确理解会话含义，是否能够提取信息，是否能够进行正确的逻辑推理。因此，要评价学习者听力技能，必须明确听力技能的表现形式。

评价分形成性评价和总结性评价。课堂教学过程中对学习者阶段性听力技能发展所做的诊断性评价属于形成性评价的范畴，目的在于通过评价发现存在的问题，为下一步听力教学活动提供前馈。课堂结束时的目标达成评价，单元测试中听力评价，以及期中、期末考试中的听力评价属总结性评价的范畴，目的在于评判学习者是否已经掌握了某种技能。

（2）听力技能评价的原则

①真实性原则。随着评价理论的发展，真实性评价的概念开始为越来越多的教师、学者所接受。要评价学习者真正的听力技能有必要采用真实性评价的理念。真实性评价要求听力评价中材料、任务、目的、情境、人物角色和评价学习者能力的方式必须都具有真实性。

②发展性原则。所谓发展性原则是指评价应该以促进学习者听力技能的发展为目标，评价也必须能够促进学习者的听力技能发展。而要实践发展性原则，评价就必须符合学习者的认知需求，凸显学习者在评价中的主体地位。过程性评价中，评价活动应该能够为学习者提供技能式自我建构的机会，通过形成性评价让学习者看到自己的进步。

学习者的发展表现在全面发展和个性发展两个方面。所谓全面发展是指评价必须能够促进学习者所有听力技能的发展，不仅如此，在技能发展的同时个人的综合素质也能获得相应的发展。所谓个性发展是指评价必须适应学习者的个体需求。每个学习者语言基础不同，发展速度不同，同一个时间内所能达成的目标也不同，因此评价必须能够根据学习者的不同需求提供不同的评价方式。

③学习者主体原则。学习者的主体性不只是体现在学习者的自评和互评上，自评和互评只是学习者主体的一种表现形式。学习者的听力技能评价中的价值主体，是制定评价标准的依据。因此，学习者在听力技能评价中的主体性还表现为评价的标准必须基于学习者的需求。也就是说，每个班级的听力技能评价标准可能会存在某种程度的差异，评价标准的差异要求评价的材料、评价的活动作出相应的调整。学习者主体原则另外一层含义指听力评价必须注意到学习者的认知需求，必须符合学习者的记忆规律。如果让学生听一个长对话后回答问题，尤其是在学习者不知道要回答什么问题的情况下，听力评价就可以说没有遵循学习者主体原则。

④能力本位原则。所谓能力本位是指评价必须以对学习者理解信息、提取信息、运用信息、评价信息的能力的评价为目标，而不能是对语音知识

的评价。如果听力评价所评价的不属于听力的范畴，而是评价学生的计算能力、读图能力或者是背景知识，那么听力就失去了最基本的效度。

（3）听力技能评价的程序

同其他任何评价一样，听力技能的评价也必须遵循以下程序。

①确定评价目标。

②选择评价工具。

③实施评价。

④收集评价数据。

⑤对数据进行分析解释，应用于教学。

听力技能的发展需要系统地培养，没有系统地培养，一个人的听力很难有大的进步。从基础教育到高等教育，听力课在总课时中所占比例总是有限，缺乏系统的听力教学。学习者的听力现状从某种程度上说明听力教学的必要性，也说明只凭课堂上全英语授课是难以培养学习者的听力的。要解决学习者的听力问题，不是请几个外教就可以解决的问题，需要教师掌握听力技能训练的策略、听力技能应用的策略。也就是说，广大的教师必须掌握听力技能教学的设计技术，设计出符合学习者听力发展要求的听力教学活动。

第三节　英语口语与写作教学模式改革创新

一、英语口语教学模式改革创新

（一）英语口语教学的原则

英语口语教学主要是为了培养及训练学生对语言知识的转换能力，即让学生通过读和听获得信息，并在原有知识的基础上对它们进行加工、重组，并赋予新的内容，然后再输出语言，完成整个交际过程。通过对口语的特点和具体要求来分析，可以看出，对口语教学目标的定位应该是培养学习者流利表达和有效交流。

为了达到这一目的，口语教学必须遵循相关的原则，以达到最佳教学效果。从具体的实践看，在教学过程中应遵循以下教学原则。

1. 互动性原则

口语教学不是机械的训练，而应该是一种互动的操作训练，让学生在训练中练习自己的口语。互动性原则强调的是动，也就是对某一话题进行有意识的动态性的练习。在课堂上，如果教师单纯采用提问的形式，学生开口的机会和时间都会受到限制，这对提高他们的口语显然是没有多大益处的。若要改变这种现状，教师就应该多开展生生之间的互动训练活动，比如对话练习、小组讨论角色扮演等，这样一来，课堂的安静气氛必然会被打破，显得热闹，但这正表明所有的学生都在进行积极的、有意义的参与。如果没有一个活跃的口语课堂，那么学生的口语水平是很难得到提高的。

2. 先听后说原则

听是说的前提条件，在交际活动中听和说是相辅相成的两个方面。学生通过听获得知识信息，接触到大量的英语词汇，进而激发表达思想的强烈愿望。当具备大量的语言储备时，才会有真正意义上的口语会话，这也是大量听的必然结果。可见在听懂的基础上进行模仿，不仅能够加快反应，还能提高说的能力。遵循这个原则，可以在组织学生复述故事之前先让他们听懂情节，然后再抓大意、记细节，让学生互相提问、交换意见，最后达到用自己的话复述故事的效果。

3. 循序渐进原则

英语口语的训练需要一个过程，这个过程需要由浅入深、由易到难、由机械模仿到自由运用，循序渐进地展开。比如在口语教学中，有的学生发音不标准，教师要注意不同地区的语音特点和学生发音的实际困难，加以引导，要鼓励学生大胆说英语，对语音、语调和语法的正确性有一定的要求，但要逐步提高。另外，需要注意的是，开始时设定目标不能太低也不能太高，要吸引学生的注意，引起学生的兴趣，否则会使学生在开口时产生畏难情绪。

（二）英语口语教学的内容

口语教学是以培养学习者的口头交际能力为目标的课堂教学，其教学内容包含了语音训练、词汇和语法、会话技巧等，下面就教学内容作如下阐述。

1. 语音训练

口语教学的内容应是正确的语音和语调，包括音节、重读、弱读、连读、意群、停顿、语调等，因为错误的发音或不同的语调会造成理解困难，甚至使听者无法理解。

2. 词汇和语法

一个句子要想表述准确必须用合适的词汇和正确的语法，如果缺乏必要的词汇，常使说话者难以准确地表达自己的思想，同样如果缺乏必备的语法知识则会使说话者语无伦次，因此说的教学应包含词汇和语法教学。

3. 会话技巧

语言学习的目的就是交际，在语言交际过程中如何达到有效，那就少不了一些技巧的运用，常见的会话技巧有以下几种。

（1）请求

例如：

A：Are you going out tomorrow?

B：No, not really.

A：Are you using your bike then?

B：No, you want to borrow it?

A：Yes, if you're not using it.

（2）邀请

例如：

A：What are you doing tonight?

B：Nothing important. Why?

A：Come to my place for dinner, then.

（3）解释

解释是指当听者不能明白自己的意思时，或说话者找不到相对应的表达方式时，应能够转换说话方式，运用同义词或其他解释性语言进行补充说明。

（4）回避

回避是指当说话者遇到有表达困难的话语时，选择自己熟悉的表述方式，从而回避了自己生疏的词汇和表达方式，以保证口语交流的顺利进行。

（5）转码

转码是指当说话者遇到无法解释的话语，又不能回避时，适当转用其他语言，比如自己的母语。

（三）英语口语教学的模式

在这一部分，我们主要介绍3种口语教学模式，即一般模式、3P模式、任务型教学模式。关于各教学模式的教学步骤，是我们论述的重点，这3种模式是随着教学的发展应运产生的，因而比较具有代表性。

1. 一般模式

一般模式通常包括四个阶段，即背景铺垫（学生听）—布置任务（教师说）—执行任务（学生说）—检查结果（教师说）四个阶段。下面将具体阐述各个阶段的任务和意义。

第一阶段是引导阶段，这个阶段可以采取不同的形式，可以让学生阅读资料或观看实物与画面等。至于听力材料的选择也没有统一的要求，可以是教师朗读文章或讲述故事，也可以是听录音资料或影像资料。事实上，无论学生听的形式怎样，也无论听到的内容是什么，其目的都是为学生将要执行的任务创造情境、提供背景信息。

第二个阶段是教师布置任务阶段，此阶段的目的是为学生的"说"确立目标、制定方案、组织活动。第二阶段的过程虽然很短暂，却是为第三阶段服务的，为第三阶段能够顺利进行奠定基础。

第三阶段就是执行任务，即学生"说"的阶段，是整个口语教学的重点。在这一阶段，教师要尽可能地保持沉默，不要干预学生的说话，不要占用他们的时间。让学生进行口语练习，重要的是让学生开口说话，而不是评价学生说对了几句英语。另外，教师也要合理控制好这个阶段的活动时间。

第四阶段主要是教师检查任务的完成情况，其主要的目的是对学生的口语活动进行及时的总结，指出活动的不足，提出必要的建议，等等。

2. 3P模式

除了口语教学的一般模式以外，有些学者提出了3P模式，即Presentation-Practice-Production。下面对这种模式的操作步骤及优缺点进行阐述。

①在Presentation（演示）阶段，教师把新的语言项目通过解释、示范、举例、角色扮演等方式向学生介绍，包括语法、句法、会话技巧、功能等，使新内容在有意义的语境中进行，而不是脱离上下文孤立地呈现句子或语法规则。在呈现过程中，教师要集中学生的注意力，并检查他们是否听懂、理解新的语言点。在这一阶段要确定课堂的教学目标和教学内容。

②在Practice（练习）阶段，教师为学生提供各种机会，让学生采取句型操练等多种形式展示内容，练习的程度也是由易到难、逐步加深。教师对活动的引导也是由控制到半控制，逐步增强学生的自主性。这种有控制操练的目的是训练学生使用语言的准确度。

③在Production（生产）阶段，教师给学生提供机会将其新学到的语言知识和交际技能融入已有的知识之中进行综合使用，以达到学生可以在自己语言能力范围内自由地运用语言进行交际的目的。这一阶段可以增强学生的成就感，使其对口语学习产生浓厚的兴趣。

该教学模式以强化语言知识与技能、提高语用能力、注重语言的准确性和流利性为目标，引导学生积极参与、合作探究。它的三阶段教学程序清楚、明确，并且各阶段也都有其中心目标，在注重准确性的同时把流利性放到重要位置。在具体教学中，以其实用性、实效性及可操作性，赢得了广大英语教师的青睐。然而对于3P模式也有持否定态度的，他们对于三个阶段之间存在的内在逻辑性，以及准确性向流利性过渡的可靠性持怀疑态度，认为该模式过度强调准确，大大限制了学习者广泛接触目的语的机会，并且缺乏有意义的语言运用，没有实现真正意义上的交际。

3. 任务型教学模式

任务型教学模式大致分为四个步骤：呈现任务—实施任务—汇报任务—评价任务。

（1）呈现任务

教师在呈现任务时，结合学生的生活或学习经验，并创设有主题的情境，以此激发他们的好奇心和学习动机。在这一阶段，教师把与话题有关的环境及思维的方向提供给学生，并把所要学习的新知识与学习者已有的知识结构建立某种联系，使学生有想说的强烈欲望，满怀兴奋和期待地开始新课的学习。在这一环节中，教师需要遵循先输入、后输出的原则，也就是说在学生激活了完成任务所必需的语言知识和语言技能后再导入任务，这也是为下一个环节奠定基础。

（2）实施任务

学生在接受任务后，可以采取结对子或小组自由组合的形式，也可以由教师设计许多小任务构成任务链等来开始实施任务。这种结对子和小组活动的形式可以让所有的学生都有练习口语的机会，并且在与同伴的交流中可以刺激学生认知的发展，另外这种形式还有利于培养学生互助合作的精神。另外，为了鼓励学生，教师也可以参与学生的小组活动，成为小组中的一员。教师在这一环节中需要及时地监督、指导，了解学生掌握新知识的程度，并根据具体的情况，随时调整教学策略，以保证任务完成的质量。

（3）汇报任务

各小组在讨论后会派出代表向全班报告任务完成情况，教师可以指定代表或者由小组成员推选。教师指定代表，可以激发该学生的学习兴趣，如果由小组推选，可以增强被选举学生的自信心，两种方式各有优点。在学生汇报任务时，教师应该给予一定的指导和适当的帮助，力求学生汇报得准确、自然。

（4）评价任务

在各小组汇报任务完毕后，教师应该和全班一起评价任务，指出各组的优点和不足，并评出最佳小组，让学生在完成任务之后，品尝到成功的喜悦。在评价过程中，教师可以引导学生如何正确、理智地评价自己和他人，另外，对于完成情况好的小组给予精神鼓励或奖励。在这一环节中，教师要及时把握评价的促进作用，充分调动学习的积极性，增强小组的竞争意识，以促进学生不断地进步。

在传统的教学模式中，口语课变成了教师练口语的地方，学生则成了聆听者，这不符合新课标的要求，而任务型口语教学模式是以学生为中心，以小组合作学习为主要学习形式，以学生完成任务为目标，充分调动了学生学习英语的积极性。在任务型口语教学模式中，教师通过创设情境，尽量设计真实的任务，让学生通过实践、参与、体验、合作、交流等学习方式来锻炼口语，激发学生参与的热情，培养学生用英语进行交际的能力。学生在有效的动机驱使下，由原来被动、消极转化为主动、积极，特别是在完成任务后得到的成就感，更让学生对下次的任务充满期待。另外，教师从学生"学"的角度设计教学活动，使得学生无论在哪一个环节，大脑都始终处于一种激活状态，并且这种教学模式让学生获得的不仅是语言知识点，还获得了运用语言的能力。随着学习任务的不断深化以及学生自身语言能力的不断提高，学生也愈能创造性地表达自己的思想。

（四）影响英语口语教学的因素

在口语教学过程中，我们可以根据不同的教学原则，采用不同的教学模式来达到有效口语教学的目的，然而，影响口语教学效果的因素有很多。

（1）教师自身素质

口语教学对教师自身的素质要求很高，尤其是发音，因为准确的发音是语言交际的基础，并且一旦教师的发音不准确，那么学生也不可能学到正确的英语发音。另外，教师在提高发音的同时还要增大自己的词汇量，在具体的教学中，可以进行相应的拓展和延伸，以此增加学生的词汇量。

（2）准确与流利的平衡

教师在口语教学中要给学生灌输注重准确性与流利性的平衡意识，因为准确与流利是交际语言教学的重要目标，偏废任何一方，都不能说是完成了口语教学的目标。教师在口语课堂上可以经常播放纯正的英语录音，并进行引导，使学生认识到，只有准确、流利地表达，才是真正学好了口语。

（3）课堂气氛的营造

课堂氛围在很大程度上会影响学生用外语进行表达的积极性。教师要鼓励学生敢于表达，不怕犯错，并在改正错误的过程中得到提高。这种轻松自由的课堂气氛有助于学生的参与，使其能畅所欲言。

（4）教学观念的影响

传统的英语教学还是习惯把重点放在讲解语法上，仍然采用阅读、背诵、默写的方式，关键是教师担心口语方面花的时间多了，可能会影响学生的笔试成绩。于是，有些教师就把教材中安排的大量口语活动置之不理，结果造成了"结巴"英语现象。

这种现象不利于英语人才的培养，不利于英语教学，不利于学生今后的发展。

（5）过度的纠错

在口语教学过程中，教师应视学生具体语言错误的严重性而决定是否纠错，在不影响意思表达的情况下可以不马上纠错，因为教师的干预会中断学生的思维，过多的纠错有伤学生的自尊，学生学说英语应以意思表达为主，兼顾语言形式的正确性。

（五）英语口语教学新模式

口语教学的目标就是要发展学生的口头交际能力，而口语教学的成功与否很大程度上取决于教学的策略性，具体的教学新模式有以下几方面。

1. 展示方面

展示的创新策略主要涉及两个部分，即展示的方式和展示的原则。

（1）展示的方式

展示的方式按照展示主体的不同，可以分为教师展示和学生展示；按照对材料的使用，可以分演绎展示和归纳展示，按展示所用材料的不同，可以分为多媒体辅助展示和无辅助展示。

（2）展示的原则

展示的方式很多，然而要想保证展示方式的效率和效益，必须遵循以下的原则。

①简易原则。简易原则是指展示应该尽可能地简单明了，不要把简单的事情复杂化。在多媒体技术高度发达的时代，尽可能使用多媒体技术已经成为人们追求的目标，然而我们在展示中应该注意，不要为了使用多媒体而使用。简易原则就是要求我们如果用无辅助展示得比较清楚，就不用多媒体展示，要尽量地少用一些设备，不必无端地增加设备应用量。

②经济原则。经济原则要求展示用最少的时间、最少的精力投入、最低的财力投入获得最佳的展示效果。任何事情的投入都讲究经济原则，对学生进行材料的展示也不例外。教师在对学生进行材料展示的时候，如果出版社有配套的视频材料，最好选择多媒体。如果没有配套的视频，教师希望自己制作flash动画，但自身又不具备技术优势，需要请人帮助制作，就不如选择

纸介文本，因为这样耗费的时间、精力、财力都很多，不符合经济的原则。

③效果原则。效果原则是指展示方式的选择应以能够保证达到最佳展示效果为标准。如果无辅助展示的效果要弱于多媒体设备展示，并且学校又具有配套的设备，那么，我们从效果原则考虑，最好使用多媒体展示。

2. 文化导入方面

语言是文化的组成部分，也是承载文化信息、反映人类社会文化生活的工具。任何一种语言都与某一特定的文化相对应，然而由于观念、信仰、思维方式、历史文化、社会背景等因素的差异，针对同一交际场景，不同文化背景的人会有不同的认知体验，从而产生社会文化的差异。口语教学应加强文化因素的导入，培养学生跨文化的交际能力，帮助其构建和完善跨文化交际的目的。

（1）文化导入的内容

文化对语言的影响和制约主要体现在两个方面：一是词语意义，二是话语组织。因此，教师在口语教学中应从词语文化和话语文化两方面进行文化导入。词语文化的导入内容主要包括：习语、词语在文化含义上的不等值性，字面意义相同的词语在文化上的不同含义，地区文化中特有的事物与概念在词汇语义上的呈现。而话语文化的导入内容主要包括：话题的选择、语码的选择、话语的组织。

为了让学生能够在跨文化环境中成功进行交际，就必须弥补他们在社会认知上的缺陷，因而在口语教学中加强词语文化和话语文化内容的导入就显得尤为重要。

（2）文化导入的方式

①结合教材导入。教师在教学中可根据每堂课的教学目标，结合教材向学生介绍一些与之相关的文化背景知识，扩充其文化知识信息，这种方式是最自然、最直接的导入。例如在一节关于日常食物的口语课上，教师可以向学生介绍与西餐有关的文化常识，并扩展与之相关的词汇及餐厅用语。

②对比导入。在口语教学中将主体文化与客体文化进行对比分析，是一个帮助学生构建客体文化行之有效的教学方法。对比导入策略应发挥学生的主动性与积极性，可以把任务提前布置给学生，让学生在课前充分查阅资

料，然后让学生在每节口语课前轮流讲解，教师给予适当补充。这种策略不但把文化学习贯穿到整个口语教学过程中，还培养了学生的自主学习能力。需要注意的是，两种文化的对比内容要具有可比性，即"同质"比较。

③运用多媒体导入。中国的学生是在汉语的环境下学习英语，缺乏真实环境下对目的语文化的感受，而多媒体能再现真实的情境，使学生产生身临其境的感觉。甚至有些多媒体还能与学生进行互动式的交流，从而激发学生的学习热情。可以说多媒体的运用对口语教学中文化的导入起着积极的促进作用，尤其是跨文化的交际，多媒体的展示对文化的转换甚至起着决定性的作用。

3. 创境方面

学习是一种真实情境的体验，学习发生的最佳情境应是具体的、活生生的，因为只有在真实情境中，学习才能变得更为有效。因此，教师应该把真实的社会语言情境引入口语课堂，加强语言与情境的紧密结合，使抽象的语言教学具体化、情境化、形象化，更贴近日常实际生活中自然交谈的形式。实践证明，如果教师能为学生营造出各种真实的语言情境，不但可以促进学生积极主动学习，还可以加快学生掌握实际应用外语能力的速度。

（1）创境策略需要注意的内容

教师在为学生创设情境时要注意情境主题的真实性，由于学生的言语交际活动受到情境的限制，因而教师选择的情境必须与教学目标相一致。教师在情境的选择上应该是与学生的生活、学习关系比较密切的，最自然、最常用、最典型、最适合言语交际的情境，这样可以帮助学生把所要学习的内容和创设的情境相联系，使学生"沉浸"在真实的情境中习得语言，培养其在现实环境的情境中自然输出语言的能力。

（2）情境教学的主要形式

①配音。教师可以节选一部电影片段，让学生先听一遍原声对白，接着对其中的语言难点进行讲解，之后再让学生听两遍原声并尽量背诵，然后把电影调至无声，由学生模仿电影中的角色进行配音。这种方式不仅缓解了学生说英语时的焦虑感，增强了学生的自信心和成就感，还能让学生学到最地道的语言，并掌握不同情境下应该运用哪种语音语调。

②角色表演。角色表演把学生从机械、重复、单调的练习中解放出来，给学生提供了在不同的社会场景里以不同的社会身份来交际的练习机会，从而为有效的交流提供了条件。角色表演是情境教学最为主要的教学手段，也是深受学生喜爱的口语练习方式。教师可以让学生自己进行角色分工，只是适时给予相应的指导，当学生排练结束后，让学生进行表演。表演完毕后，先让学生从表演技巧、语言运用等方面发表建议，最终由教师对学生的表演进行点评。

二、英语写作教学模式改革创新

写作是学生表达思想的方式，是一种高度复杂的思维过程。而写作教学的开展则是发展学生思维能力和表达能力的有效途径，也是衡量教学效果的标准之一。但是，由于写作在考试中所占的分值不是很多，所以一直都未受到应有的重视。就目前的情况来看，学生的写作状况令人担忧，往往是按照汉语式的思维对单词进行叠加，或者一个句子里有很多谓语动词，甚至还有乱加be动词的现象，因此，针对这种情况我们要重视写作教学。

（一）英语写作教学的原则

英语写作教学是非常重要的教学手段，它重视学生英语能力的培养、综合素质的提高，而不是一种机械模仿能力的培养，因为写作的综合性很强，它把词汇、语法、句型等知识进行融合，从而促进学生英语水平的提高。另外经常进行写作，其书面表达能力、口语表达能力也会随之提高。在教学过程中，要以学生为中心，以培养持续性写作能力为目标来提高英语写作水平，所以教师要充分利用这一教学手段。在写作教学中我们总结了以下几条原则。

1. 系统原则

目前学校的英语写作教学中存在的最大的问题之一就是整个教学过程缺乏系统性，主要表现在以下几方面。

（1）无系统的教材

目前还没有一套专门而又系统的写作教材，写作练习大都安排在每课的最后，由于时间有限，往往被布置为作业，这根本就不能达到提高写作能力的目标。

(2) 无科学的教学计划

针对大纲规定的教学目标，教师没有制订科学的教学计划，使得教学目标的实现没有可靠的保证。

(3) 无具体的时间保障

由于课时有限，写作不单独设课，只是附带在阅读课或是口语课中，于是写作教学就变成了一个随意的过程。常常是教师在课堂的最后随意指定个题目，让学生写篇作文。

(4) 无系统的练习

要想写好文章，必须建立在大量材料的基础上，进行大量的系统的练习，并且掌握写作的基本方法和技巧，这样写起来才能得心应手。

这些问题都亟待解决，否则肯定会影响英语写作教学的效果，学生的写作能力也很难得到提高。

2. 优化原则

不同教学模式所适应的学生群体不同，并且也各有优缺点，所以教师要根据学生的实际水平选择恰当的教学模式。重内容的教学模式对学生的语言能力要求较高，因而不适合在低年级中使用，重过程的教学模式强调写作本身的过程性，因而不失为一种比较科学的教学模式，重结果的教学模式是一个不可取的教学模式，因为它缺乏对写作过程的监控，不利于写作能力的培养；而小组合作教学模式，是新课程背景下的教学模式，不仅体现了以学生为中心，还激发了学生的写作热情。这些都给了教师一些提示和参考，教师在具体教学中要根据学生的实际水平，进行有选择的运用。

3. 任务原则

传统写作教学缺陷是语言脱离语境、脱离功能，导致学生能建构准确的语言形式，但不能以这些形式得体而完整地表达意义。而任务型教学是让学生完成一系列的任务达到教学目标，让学生在执行任务中充分感受语言形式和功能的关系，以及语言与语境的关系。如果把写作与学生的实际任务需求联系起来，比如让学生写求职信、个人简历等，这些与其未来生活、工作都有关的内容，可以让学生体会英语的实用性，激发学生参与的热情，并开发学生的潜能，进而发挥学生的创造力。

4. 综合原则

在英语教学当中有"听、说领先，读、写跟上"的说法，一堂生动有效的写作课实际上应是听、说、读、写的综合运用，因为听、说、读、写是相辅相成、互相促进的。在写作课上，教师要选择优秀作文进行评价，学生在听的过程中既练习了自己的听力，又找到了自己写作中存在的问题。在写作课堂上，无论是写前的准备，还是写后的编辑和校读都离不开听、说、读，可以说听、说、读不仅是写作教学的跳板，还贯穿了整个写作活动的始终。把听、说、读、写紧密结合，不仅可以对学生进行多元化的能力训练，还能使学生的各项能力互相影响、互相渗透、互相促进。

（二）英语写作教学的内容

一篇好的文章应该结构完整、语言流畅、整体统一、和谐连贯、内容充实简洁，因而写作教学的内容应包括结构、句式、选词、拼写和符号等方面。

1. 结构

（1）谋篇布局

在写作之前要谋篇布局，并根据写作目的选择适当的扩展模式。从篇章结构来说，结构是：引段—支撑段—结论段。而从段落的结构来说则是：主题句—扩展句—结论句。当然不同题材、体裁的文章，其谋篇布局不尽相同。比如，在说明性文章中，主题句的作用就是介绍主题，扩展句的作用是以时间、重要性等顺序扩展细节说明主题，而结论句则是重述主题、概述细节。在议论性文章中，主题句的作用是陈述读者认为正确的观点，扩展句是以说明的顺序扩展细节、阐述原因，而结论句的作用主要是总结或重述论点。

（2）完整统一

完整统一指文章的所有细节如事实、例子、原因等都必须围绕主题展开，做到内容切题，与主题不相关的句子必须删除，同时确保文章段落的完整性。训练时可采用专项练习的方式，如设计含有不相关细节的段落，组织学生修改等，加强学生这方面的训练，从而增强这种意识。

（3）和谐连贯

段落中句子顺序及思路的安排必须具有逻辑性，句子和句子之间要有机地联系在一起，内容需一环紧扣一环，流畅地扩展，使段落成为一个和谐连贯的整体。

使用恰当的起连接作用的词或词组，可以把句子与句子有机地联系起来，使行文流畅，并引导读者随着作者的思路去思考问题。对于过渡语的使用可采用"短文填空"进行专项训练。需要注意的是过渡词语不可不用，也不可滥用，要求结构流畅、简洁，避免冗长、累赘的叙述。常见的过渡语有以下几种。

表示时间或步骤：after, often, next, afterwards, before, finally, first, last, now, second, still, then, when。

表示并列：and, also, or, likewise。

表示转折：but, however, nevertheless, while。

2. 句式

英语中常见的句型包括强调、倒装、省略等，然而每种句式又有很多变形，这就需要学生多加练习。教师在写作教学中可采用"示范"和"讨论"的方式，帮助学生掌握正确的表达方式，增强学生对句式的认知。

3. 选词

选词与个人的爱好有关，因此也是个人风格的体现。但由于选词也是作者与读者之间交流的方式之一，因而选词要考虑语域的因素，比如正式用词与非正式用词的选择、褒义词与贬义词的选择等，另外还要考虑角色的因素及读者对象的因素。

4. 拼写和符号

这里主要涉及的是学生的基础知识，包括单词的拼写和标点符号的正确与否。虽然是细节方面的问题，但仍然是写作教学中重要的组成部分。

（三）英语写作教学的模式

下面主要介绍4种写作教学的模式，具体为小组合作的教学模式、重内容的教学模式、重过程的教学模式和重结果的教学模式。每种模式的写作过程和具体要求如下。

1. 小组合作的教学模式

基于小组合作的写作教学模式主要包括以下5个环节：小组讨论构思—

学生独立写作—同伴互阅—学生独立修改—教师评阅，具体的操作过程如下。

（1）小组讨论构思

在讨论之前，教师要根据学生的性别、成绩、能力、个性等方面的差异，把学生进行分组，分组时要注意小组的异质性，即要把不同性别、性格和能力的学生组合在一起，这样使合作小组具有信息差和互补性。然后每组选出组长，由组长组织成员对图片、文章的结构、中心思想、时态等方面进行讨论，在讨论的基础上，列出写作提纲。在这一环节中，教师的作用主要是通过设计问题引导学生的讨论。

（2）学生独立写作

这个过程建立在小组讨论的基础上，该阶段的突出特征是独立性。对于学生在写作中遇到的问题，鼓励学生借助字典等工具自己解决，对于经过自己努力仍然不能解决的问题，可以向组内其他成员或教师求助。

（3）同伴互阅

在学生完成了初稿之后，要求组内同学彼此交换作文、相互批改。在该阶段，教师不仅要指导学生如何批改文章的主题、结构，还要注意文章的连贯性和语法结构，以及互改的策略与技巧。这样批改既注重了文章的内容和思想性，又兼顾了文章的语言形式，同时也使学生明白写作不只要考虑内容和思想性，还要重视语言形式的准确性。

（4）学生独立修改

在同伴互阅之后，学生要对互阅的结果进行思考，然后再对文章从内容到语言形式进行全面的修改。在独立修改时，学生可以采纳同伴合理的建议和修改意见，也可以对同伴的建议和修改意见持保留的态度。

（5）教师评阅

教师对所有的作文进行仔细地评阅，然后从中挑选出一两篇有代表性的文章展示给大家，让学生讨论这些文章哪些方面写得好，为什么写得好，对于自己有哪些启发，应该如何改进，应该吸取哪些教训等。

2. 重内容的教学模式

这种教学模式比较注重写作素材的收集，因而教学中教师主要是指导，从而帮助学生从不同的渠道获取信息。重内容的教学模式的重点在于帮助学生丰富其写作内容。主要有以下步骤。

（1）信息收集，综合整理

收集信息是重内容教学模式的第一步，也是关键的一步。写作素材的收集可以采用多种方式，但会受到环境的局限。如果是课后写作，学生可以在课余时间通过浏览网页、阅读报刊、听取报告及调查访问等方式收集。如果是课堂写作，一般情况下可采用头脑风暴的方式，比如可以进行小组讨论从而获得写作素材。需要提醒的是，教师在学生获取写作素材之后，要培养他们整理信息的能力，从而提高学生整合信息的能力。

（2）拟定提纲，撰写初稿

提纲有关键词提纲、语段提纲和句子提纲三种，教师可根据学生的水平采用不同的提纲类型。提纲列好之后，学生在教师的指导下根据写作要求将收集的素材按照提纲的顺序撰写成文章，这是文章初稿阶段。

（3）适时修改，润色定稿

写初稿的同时也可以进行适时修改，边写边改，他们没有严格的界线。这阶段的主要任务是学生按照内容是否切题，语言表达是否清楚、连贯和正确的要求对初稿进行加工润色，最后定稿。

该教学模式不仅可使学生运用原有的知识，而且还能借助新获取的信息开阔视野，丰富写作内容。

3. 重过程的教学模式

重过程的写作教学力求营造一种教学氛围，使学生能够共享信息、相互帮助，把学生和学生的需求置于师生间交互学习的中心，使学生在写作时敢于大胆尝试并作出个性化的选择。把写作看作是一个过程，认识到这个过程的开始就是第一稿，并在初稿完成之后，和同学讨论来评估自己的写作水平，再进行修改。该教学模式的操作主要有五步，前三步和重内容的教学模式基本一致；第四步是学生根据修改阶段发现的问题完善自己的写作，写出第二稿，可以说这一步是再加工的过程；第五步是教师批改讲评，教师要充分利用这一步，让学生了解写作过程，活跃课堂氛围，激发学生的写作积极性，以拓展学生的写作思维能力。

4. 重结果的教学模式

重结果的写作教学强调语法、句法、词汇和拼写等句子层面上的教学，它是一种比较传统的教学模式。该教学模式的操作主要是教师命题—学生写作—教师批改。在这种教学模式下，学生必须靠自己在一个孤立的环境中以阅读别人的文章并模仿为主，没有教师指导素材的收集和整理，写作的过程往往被忽视。

（四）英语写作教学存在的问题

写作一直是英语教学的薄弱环节，长期以来形成了对待英语写作"学生发慌，教师犯难"的现象。就目前的状况来看，英语写作教学中存在以下问题。

1. 课程设置不够合理

在英语教学中，由于课时有限，完成每单元的课文讲解、听力理解、阅读理解等耗时较多，留给写作教学的时间就少之又少了，致使写作变成了可有可无的教学内容。另外，一般的学校都没有设置专门的写作课程，于是写作教学效果得不到保障。

虽然目前的教材都有相应的听、说、读等配套练习，却没有关于写的教材。尽管每个单元均设有写作专项练习，但这些练习多是被动性的，配套教材的短缺使得写作技能的训练是零碎的、不连贯的。在这种缺乏合理的课型设置及系统性的写作教材的情况下，甚至连课时都无法保证，写作教学很难保证其教学质量。

2. 教学改革相对滞后

随着新课程改革的全面推进和不断深入，英语教师对新课程指导下的写作教学有了一定的认识，然而在实际的英语教学进程中，写作教学的改革相对滞后。很多教师还没注意对学生的英语思维能力进行多方位、多角度的训练，没有采取各种方法训练学生英语思维的发散性、创造性、广阔性和深刻性。英语教学是个整体工程，写作教学和阅读教学、口语教学及其他形式的教学之间具有互动互补与彼此关联的整体性。然而在实际的英语教学过程中，教师并没有真正把写作教学置于这个整体性框架之中，于是就存在着为写作而写作的现象。

3. 教学方法缺乏创新

传统教学法注重词汇、语法的教学，忽视了语篇的内容、结构等方面的分析。这种重语言知识的讲解、轻言语和表达技能的训练的知识传授模式，似乎使学生学到了很多知识，却不利于学生写作能力的提高。于是学生一到具体运用时要么提笔无言，要么写出的文章内容空泛、条理性差。并且长期以来采用重结果的教学法，即根据写作的最终成品来判断写作的得失成败，使得教师在写作教学中的作用，仅限于简单的打分和评判，而对写作过程指导甚少。忽视了在写作过程中对学生兴趣的激发和培养，导致了师生之间、生生之间的交流互动严重匮乏。

久而久之，学生失去了学习写作的动机和兴趣，写作教学的有效性更是无从谈起。

（五）英语写作教学新模式

要提高学生的写作能力，教师既要引导学生对词汇、语法等语言知识的积累，打好基础，还要增强学生的写作策略意识。英语写作教学应以培养学生的英语写作能力为本，将教学重点置于英语写作能力提高的动态过程之中，而写作教学的成功与否很大程度上取决于写作的策略。

1. 从结构训练过渡到自由表达思想

学生从开始写字母到自由表达思想是一个相对较长的过程，其间要经历各种阶段。写的能力的培养不是一蹴而就的，需要教师循序渐进地进行各种指导性的训练，最后学生才能连贯地、自由地表达思想。写的教学应该贯穿学校各阶段教学的始终。在入门阶段，写的重心集中于字母的书写、单词的拼写，以及大小写、标点符号等，以掌握英语的书写特征，养成正确的书写习惯。单词的拼写要特别重视拼写规则和构词规则，句型的操练有利于巩固语法知识，掌握句子的主要框架，培养运用语言的自觉性。当学生具备了一定的词汇和语法知识后，写的训练不应再停留于句子层次上，而应进入以段落为主的写作，进入连贯表达意思阶段，为交际性的写作做准备。教师应适当增强写的真实性，与学生实际的生活、思想、情感相联系。

2. 写与听、说、读的技能相结合

写是一种将意义转变成符号的笔语活动，但写的能力的培养并不限于笔语活动，它总是和其他技能（听、说、读）的活动相联系。事实上，任何一种技能的培养都不是孤立的，这是由语言的交际性所决定的，我们只是在单项技能训练时有所侧重而已。

写与听相结合。听写与听记是用得较多的类型。听写可以是字母、单词、短语、句子和段落。听记一般指边听报告、讲座边记笔记，这是一种高层次的英语书写。听写既练听又练写，一方面它训练写的准确、速度，巩固所学的内容；另一方面，它也检验了听力。写与说相结合。将口头上熟练掌握的句子或话语写下来相对较容易。学生口头操练句子结构，达到熟练，养成习惯，然后再笔头造句，这样就能少写错句。段落的仿写、改写、缩写、看图写话等形式，也由学生先读再写，可减少笔语表达的某些障碍，也为能力较差的学生做榜样，以降低写的难度。

写与读相结合。读是语言输入形式，通过大量的阅读，学生可扩充词汇、增强语感、扩大知识面并发展阅读技能。学生对段落的缩写、扩写、仿写、改写、写摘要等都是在读的基础上落实的，这种写作也是对读的理解程度的检测，只有理解好了方能写得好，至于以传递真实内容为中心的自由地写更是需要大量的读的积累。

3. 加强学生之间相互合作，重视学生写的过程

目前的学校的英语教学中，有很多类型的写是有提示的写，属引导式的写。这有利于学生从形式到内容的过渡，但是在实际操作中往往忽视内容的表达。为了激发学生的内在动机，教师的提示应适量，有时可通过适当的情景假设、明确的写作对象，使学生产生表达、交流的欲望。比如，给外国朋友写信、寄卡片、出新闻简报、编小品和故事等。相互协作的小组活动能帮助学生交流协商内容，相互讨论，共同完成某项任务。学生应善于从同伴、教师那里得到反馈信息，反复修改。在这种相互合作、共同商讨、不断修改的过程中，学生从各种层次上（从内容到形式）不断完善自己，逐渐接近目标。

4. 激发写的动机，训练写的技巧

首先，设置笔语交际情境，可借助文字资料、画面、图片、图表等。有时可与听、说、读的活动相结合，进行讨论交流，使学生自己产生写的愿

望，从而愿意写、乐于写。其次，有意识地指导学生基本的写作技巧，如了解题材和格式，怎样开头，如何对句子进行逻辑联系、使之前后呼应，如何进行段落的衔接过渡等。教师还要督促学生养成酝酿准备和反复修改的良好习惯，特别是在准备阶段，教师可提供线索或让学生分组讨论，以打开学生的思路。写好之后教师应及时给予反馈，指出问题所在，或让学生互改，使学生互相监控，达到自我教育的目的。

参考文献

[1] 陈仕清. 英语教师专业发展新路径［M］. 南宁：广西教育出版社，2012.

[2] 陈燕. 大学英语教师专业发展新视角［M］. 北京：中国政法大学出版社，2014.

[3] 何少庆. 英语教学策略理论与实践运用［M］. 杭州：浙江大学出版社，2010.

[4] 胡文仲. 高校基础英语教学［M］. 北京：外语教学与研究出版社，2006.

[5] 剧锦霞，倪娜，于晓红. 大学英语教学法新论［M］. 北京：中国书籍出版社，2013.

[6] 李正栓. 中国语境下英语教师教育与发展研究［M］. 保定：河北大学出版社，2009.

[7] 鲁子问，康淑敏. 英语教学方法与策略［M］. 上海：华东师范大学出版社，2008.

[8] 王琦. 信息技术环境下的外语教学研究［M］. 北京：中国社会科学出版社，2006.

[9] 林新事. 英语课程与教学研究［M］. 杭州：浙江大学出版社，2008.

[10] 王继新. 信息化教育概论［M］. 武汉：华中师范大学出版社，2006.

[11] 李娜. 英语教学中的课堂生态创新研究［J］. 教学与管理，2021（3）：104-106.

[12] 元姝人. 高校英语教学模式创新与发展研究［J］. 江西电力职业技术学院学报，2020，33（4）：32-33；36.

［13］李蓓，尹丽肖．英语教学中的兴趣培养与激发探讨［J］．高教学刊，2015（14）：65-66．

［14］王婵，刘明东．图式理论下小学英语口语教学的反思［J］．基础外语教育，2016，18（6）：84-89；110．

［15］贺敬敏．对新课改下的中学英语教学方法的思考［J］．中学生英语，2018（44）：62．

［16］张寰宇．大数据时代下职业院校英语教学模式创新与信息化变革［J］．中国新通信，2020，22（23）：180-181．

［17］徐晓梅．英语口语教学方法浅析［J］．淮海工学院学报（社会科学版），2010，8（12）：73-74．

［18］刘晓红．关于高校英语教学若干问题的思考［J］．才智，2015（28）：54．

［19］叶砾．基于大数据的个性化英语教学策略研究［J］．黑龙江教育学院学报，2017，36（10）：133-135．

［20］吴勇．浅谈情景教学在高中英语教学中的有效性［J］．英语广场，2016（1）：164-165．

［21］楚慧杰．素养为本的中学英语写作教学研究［D］．武汉：华中师范大学，2021．

［22］张旭华．高中英语教师专业化发展不同阶段的教学反思的对比研究［D］．石家庄：河北师范大学，2014．

［23］周海平．英语语法教学策略对英语语法能力提高的实证研究［D］．合肥：安徽大学，2013．

［24］孟魏华．现代教育技术下中学英语教学模式的理论与实践研究［D］．重庆：西南大学，2006．

［25］李静红．基于信息技术的高中英语教学模式的研究与实践［D］．扬州：扬州大学，2019．

［26］欧阳玉婷．高中英语教学中的情感教育问题调查［D］．武汉：华中师范大学，2021．

［27］李润坤．基于信息技术的高职英语课程教学改革研究［D］．北京：北

京理工大学，2015.

[28] 陶涛. 大学英语教学有效性问题研究 [D]. 武汉：华中师范大学，2015.

[29] 窦东友. 现代教育、技术与英语教学 [D]. 上海：华东师范大学，2003.

[30] 白煜. 高中新课改背景下英语教师专业化发展调查研究 [D]. 呼和浩特：内蒙古师范大学，2017.